NELLI CÉLIA

04.007.031/0001-25
Centro de Estudos e Pesquisas
Psicobiofísicas
Av. Expedicionários, Nº 850
Expedicionários - CEP. 58041-010
JOÃO PESSOA - PB

NATASHA STALIWISK

UMA HISTÓRIA DE AMOR

CB135533

Instituto Beneficente Boa Nova
Entidade coligada à Sociedade Espírita Boa Nova
Av. Porto Ferreira, 1.031 | Parque Iracema
Catanduva/SP | CEP 15809-020
www.boanova.net | boanova@boanova.net
Fone: (17) 3531-4444

2ª edição
2.000 exemplares
Do 3º ao 5º milheiro
Julho/2011

© 2011 by Boa Nova Editora

Capa
Direção de arte
Francisco do Espírito Santo Neto

Capa e Projeto Gráfico
Tutano Design Editorial

Diagramação
Julio César Luiz

Coordenação Editorial
Júlio César Luiz

Revisão
Maria Carolina Rocha

Todos os direitos estão reservados.
Nenhuma parte desta obra pode ser reproduzida ou transmitida por qualquer forma e/ou quaisquer meios (eletrônico ou mecânico, incluindo fotocópia e gravação) ou arquivada em qualquer sistema ou banco de dados sem permissão escrita da Editora.

O produto da venda desta obra é destinado à manutenção das atividades assistenciais da Sociedade Espírita Boa Nova, de Catanduva, SP.

1ª edição: Março de 2011 - 3.000 exemplares

Dados Internacionais de Catalogação na Publicação (CIP)
(Câmara Brasileira do Livro, SP, Brasil)

Célia, Nelli
Natasha Staliwisk - Uma História de Amor /
Nelli Célia. -- Catanduva, SP : Boa Nova Editora, 2011.

ISBN 978-85-99772-55-3

1. Espiritismo 2. Romance espírita I. Título.

11-00025 CDD-133.9

Índices para catálogo sistemático:
1. Romance espírita : Espiritismo 133.9

Impresso no Brasil/*Presita en Brazilo/Printed in Brazil*

SUMÁRIO

04.007.031/0001-25
Centro de Estudos e Pesquisas
Psicobiofísicas
Av. Expedicionários, Nº 850
Expedicionários - CEP. 58041-010
JOÃO PESSOA - PB

04.007.031/0001-25
Centro de Estudos e Pesquisas
Psicobiofísicas
Av. Expedicionários, Nº 850
Expedicionários - CEP. 58041-010
JOÃO PESSOA - PB

Prefácio

Alguns foram os livros que escrevi em minha carreira literária, nos quais eu elaborava a história e procurava usar o cotidiano como cenário, porém usando a minha escrita para levar alguma mensagem aos que lessem os meus livros, fossem adultos ou crianças. Um bom exemplo são os livros infantis, pois tenho muito prazer em escrever para a gurizada.

Tempos atrás, começou a surgir intuitivamente flashes de três livros. Os dois principais protagonistas faziam parte das três histórias, como se fossem atores vivendo peças diferentes, uma após a outra. As cenas não eram mostradas em ordem cronológica, mas dava para sentir a história. Interessei-me pelos três novos trabalhos e procurei me dedicar a escrevê-los com alegria e entusiasmo.

Estes livros, ricos em ensinamentos, prazerosos ao ler, cheios de reflexões, nos colocam, muitas vezes, em encontro com o nosso "eu" interior e nos levam a rever nossas atitudes para com o nosso próximo, nos dando suporte e lições que educam espiritual e moralmente.

A espiritualidade está batendo à porta. É hora de acreditar que, realmente, a vida não começa no berço e tampouco termina no cemitério. Existem muitos segredos desconhecidos por nós, muito mais do que a nossa vã filosofia sonha, como dizia o mestre Shakespeare.

Neste livro, a vida de nossa heroína é repleta de erros

e acertos, como acontece, de fato, com todos nós, seres humanos. Porém, Deus, essa força maior, nós dá oportunidades de crescermos através do aprendizado diário e de nos confrontarmos com diversas pessoas que encontramos em nossa caminhada terrena. Quase sempre, a nossa reação diante desses encontros será o que tivermos dentro do nosso coração, ou melhor, dentro da nossa alma.

Mas essa alma traz consigo, conectadas, impressões de passados longínquos, que ficaram arquivadas dentro de nós. Nesses encontros, as impressões são trazidas para a tela de nossa memória, fazendo com que a reação seja muito espontânea, alegrando-nos ou infelicitando-nos.

Acreditamos, sim, que a vida continua em outras dimensões, pois, segundo Lavoisier, nada se perde, tudo se transforma. Partindo deste princípio, imaginamos que tudo ficará registrado em algum lugar do Cosmos.

Para finalizar, vamos recordar o que disse Jesus a Nicodemos: "em verdade, em verdade vos digo: ninguém pode ver o reino de Deus, se não nascer de novo."

Assim é que Natasha Staliwisk vai vivendo esse amor, até que um dia aprenda a amar dentro da plenitude divina.

Nelli

04.007.031/0001-25
Centro de Estudos e Pesquisas
Psicobiofísicas
Av. Expedicionários, Nº 850
Expedicionários - CEP. 58041-010
JOÃO PESSOA - PB

CAPÍTULO 1

Broadway | Janeiro de 1900

O hospital era pequeno, porém situado em um vale muito bonito, nos arredores de Nova Jersey.

O movimento era grande naquele mês de janeiro com a chegada do ano novo, tão esperado por todos. Nessa data se torna comum todos esquecerem a rotina e partirem para os grandes abusos e exageros das comemorações, resultando em prejuízos para os pobres corpos que, diante da necessidade, trabalham com sobrecarga, por causa do excesso de comidas e bebidas ingeridas. Estavam entrando no final de século e todos esperavam que o novo fosse melhor que o anterior.

Natasha, sentada em uma das salas de espera, observava o vaivém das enfermeiras, médicos e atendentes, todos agitados tentando atender dentro do possível os que chegavam em carros do hospital.

Sentiu pena daqueles sofredores, imaginando o que levaria aquelas criaturas a se destruírem daquele modo.

Lembrou o quanto havia sofrido em sua vida e, nem por um instante passou por sua cabeça essa destruição, causada por bebidas e pelo ópio, muito em moda na época. Naquele momento ela olhava um paciente em convulsão, causada pela droga.

— Senhorita Natasha McGuire?

— Sou eu — respondeu Natasha, levantando e seguindo a enfermeira de poucas palavras, que a conduziu para a sala do médico; dias atrás ela havia procurado o doutor que solicitara exame dos pulmões.

O corredor grande, frio e isolado, parecia engolir todos os seus pensamentos:

"Só uma tosse e todo este trabalho, fazendo com que me ausente dos meus ensaios. Será que os médicos sabem como é um espetáculo todas as noites?... Se soubessem quanto custa para nós conseguirmos um lugar na Broadway, não nos atrapalhariam tanto."

— Faça o favor de entrar — disse a enfermeira, apontando a cadeira dentro da sala simples e bem equipada do médico.

— Boa-noite, doutor Charles — sorridente, apertou a mão do doutor, que a recebeu com sereno cumprimento.

— Como tem passado, senhorita Natasha? E a tosse, aumentou? Observou o catarro expelido nessas crises?

Natasha pensou: Que falta de polidez perguntar coisas tão íntimas, porém resolveu responder tudo para se livrar o mais rápido possível daquele consultório e voltar para o seu mundo. Embora estando triste, sentindo a ausência do amado, queria estar no teatro. Lá sim tudo era lindo: música, cores, risos e danças.

— Estou ótima doutor... Tenho tossido, mas é uma tosse bem fraquinha. Mas... por que esse interrogatório todo? Os resultados não foram bons? — E riu, debochando da situação.

— Você está... tísica, tuberculosa... E está muito adiantada a sua doença.

Falou seca e bruscamente, pois Natasha, quando veio a ele da primeira vez, brincava com a saúde, não acreditando estar doente e não levava nada a sério.

— Natasha, minha filha, é muito grave o seu estado. Você terá que ser internada o mais rápido possível.

— Quanto tempo de vida eu tenho, doutor?

O médico tentou desviar a conversa, falando do tratamento que seria necessário. Natasha, percebendo que o médico tentava evitar a resposta, foi diretamente ao assunto.

— Doutor, sou adulta e responsável por mim mesma. Já passei por tanto desespero e nunca pensei em desistir, por pior que fosse a situação. Não será essa doença que vai me assustar, mas eu tenho o direito de saber: quanto ainda me resta de vida?

— Pouco. Muito pouco, se não se cuidar.

Natasha pensou em seu amor e disse consigo mesma: "Vou lutar para me curar e te esperar, meu amor."

Na rua, caminhando sob a neve fria que caía naquele mês de janeiro, Natasha seguia pensando: "Ninguém no teatro deve saber. Dançarei até que a morte me vença ou eu a vença, se isso for possível."

Parou um pouco, pois sentia falta de ar e cansaço. Debruçou-se sobre a ponte que cobria o rio e começou a olhar o fluxo das águas a caminharem em uma direção.

— Se me atirasse neste rio, evitaria que este mal se prolongasse e que outras pessoas sofressem comigo. Mas, e depois... Minha alma não descansaria em paz. Lembro o que minha mãe dizia: "A alma tem que deixar o corpo em paz, quando partir deste mundo. Lembre sempre, minha filha, Deus lhe deu a vida e somente Ele poderá tirá-la. Devemos devolvê-la em harmonia ao Criador. Eu perguntava: Mesmo sofrendo muito, mãe? E ela: Mesmo sofrendo muito, minha filha. A dor é uma depuração para a nossa alma. Devemos ultrapassá-la com paciência, para voltarmos ao Criador em paz."

Natasha tossiu, pois a lembrança de sua mãe a emocionou. Caminhou com passos firmes pelo forte frio e chegou ao teatro, onde a esperavam para reiniciar os ensaios.

O final de século chegara, e Natasha não conseguia esquecer a triste noite do ano novo. A ausência do seu amor deixava em seu coração um vazio e uma constante tristeza. Mesmo assim não perdia a esperança de reencontrá-lo.

Saltou do coche apressadamente, atravessou a rua e mal cumprimentou o guarda que estava na porta da entrada do teatro. Correndo, dirigiu-se ao palco onde estava toda a companhia de dança.

O diretor que, sem paciência ensaiava o elenco, não percebeu a entrada dela no recinto e Natasha, sem perceber o ambiente, foi logo tratando de ficar pronta para os ensaios. Já estava atrasadíssima, mas tinha que ensaiar. Jogou sua bolsa em cima de uma cadeira, tirou o casaco de lã grossa e começou um leve aquecimento. Na plateia, a voz do coreógrafo se fazia ouvir.

— Quero a perna mais alta, Rosely. Olhe o compasso, Peter. Será que são surdos?

A voz do coreógrafo tirou Natasha dos pensamentos da doença e a acordou para aquele momento, em que também precisava estar presente, não somente com o corpo, mas com a mente. Como já estava com sua roupa de balé por baixo do casaco, foi logo calçando as sapatilhas e subiu ao palco sem notar que todos pararam para olhá-la, principalmente Peter, ou melhor, Rosnan, para ela.

— A princesa russa pode nos dar o prazer do ensaio?

O coreógrafo, como a maioria dos colegas, não sabia da doença de Natasha. Somente os amigos Rosnan e Catherina.

— Desculpe-me, David. Já estou pronta! Atrasei-me, pois fui ao médico. Rotina, nada sério.

O ensaio foi exaustivo como sempre. No final, Peter convidou-a para irem lanchar, antes de iniciar a sessão da noite.

— Este chocolate está uma delícia... Quentinho, que chega a esquentar o meu peito por dentro.

— Natasha...

— O que é? Que cara feia, Rosnan. Parece que alguém vai morrer! — Natasha falou e riu com a própria piada.

— O que o médico disse?

— Estou bem, somente uma gripe mal-curada, restando esta tosse impertinente.

— Irei amanhã cedo ao hospital e vou falar com ele, afinal ele também é meu médico.

Mal tinha acabado a frase e Natasha, vendo a seriedade com que ele a enfrentava, resolveu falar. Contou toda a verdade e quando acabou a narrativa, Rosnan falou seriamente:

— Já estava desconfiado. Na sexta-feira passada, quando você cuspiu sangue, imaginei o pior e não estava errado. E agora? Quando você vai se internar?

— Não vou coisa nenhuma! Não irei para o hospital, quero esperar por "ele" em nossa casa e, se tiver que morrer, quero morrer no meu trabalho e perto de você. Se eu realmente não tiver cura, peço que me deixe morrer ao seu lado, pois você é o único amigo que me resta. E não chore, você é um homem e homem russo não chora. Bem sabe que um dia todos nós partiremos.

— Natasha, eu... — o soluço atrapalhou a voz e ele não conseguiu falar, apenas abraçou a amiga e ficaram em silêncio.

— Rosnan, lembra quando chegamos aqui na América? Sem dinheiro, sem abrigo... Se não fosse a quarentena do porto, estaríamos mortos de fome e de frio há muito tempo, a vagar pelas ruas estreitas de Nova York. Descemos daquele navio mais moídos que grãos de trigo, mal sabíamos algumas palavras em inglês. Repetíamos somente o que havíamos decorado na última semana de aula com o professor Nicolau Zantini.

— "Bom-dia; desculpe-me; onde fica a rua tal; café, leite e pão, por favor; tenho fome; tenho sede". Até mesmo para procurarmos o teatro na Broadway, indicado pelo coreógrafo do navio, foi muito difícil.

Natasha se alegrou com as reminiscências dos dois e Rosnan riu junto. Relembraram alguns outros fatos pitorescos da chegada deles aos Estados Unidos da América.

— Rosnan, quero ir para nossa casa, descansar um pouco. Ainda temos três horas antes do espetáculo começar.

Rosnan pagou a conta, abraçou Natasha e caminharam pelas ruas de Nova York embaixo da neve. Cada floco que caía sobre a amiga, ele assoprava e beijava a sua cabeça, coberta pela touca cinza de lã que ela estava usando.

Nova York começava a acender as luzes. Era realmente um momento inesquecível e os dois pararam, admirando todo aquele esplendor.

— Não é só no teatro que o palco se ilumina. Aqui fora ainda é mais bonito.

— *Ulalá*, como dizem as francesas, *c'est magnifique.*

O apartamento onde eles moravam ficava a quatro quadras da Broadway e, como era no último andar, tinha um terraço com portas de vidro, que proporcionava sempre uma visão linda da cidade. O prédio não era muito bom: construção barata, moradores simples, a maioria era de imigrantes e quase todos eram ilegais, sempre fugindo da polícia local que, volta e meia, vasculhava o prédio para expulsar os clandestinos. Eles se escondiam nos bairros vizinhos, até estarem livres para voltarem às suas casas.

Tudo isso fez dessa cidade uma atração para os dois russos, que mudaram os nomes para sobreviverem. Ele adotara Peter, nome bem americanizado.

Natasha apenas trocou o sobrenome, de Staliwisk para McGuire. Assim, trabalharam naquele ano no teatro, fazendo um espetáculo de dança que mantinha a casa lotada todas as noites.

Tinham chegado em meados de 1899, na virada do século, fugidos da Rússia. No apartamento havia alguns quadros, os primeiros pertences que eles adquiriram na América; neles estavam estampadas as paisagens dos campos da Rússia, e foram pendurados com carinho, para que a lembrança estivesse sempre presente.

Havia também o relógio, presente de Kolosk, que tocava melodia. Antes de deitar, Natasha sempre ficava ouvindo, e ninguém podia chegar perto dele ou tocá-lo, pois ela proibia.

— Feche as portas de vidro, Rosnan. Estou com muito frio.

— Só abri porque você gosta de sentir a brisa do vento.

— Hoje eu não quero... Quero você aqui perto de mim!

Rosnan sentou ao lado dela, após ter fechado as portas do terraço e, abraçando a amiga, falou:

— Você hoje está muito melancólica, em que está pensando? Fique tranquila, pois você vai sarar, nem tudo que os médicos falam é verdade... Eles não são Deus.

— Estou com saudade dele.

Rosnan engasgou com a saliva ao ouvi-la mencionar "ele".

— Sabe que eu é que te amo de verdade.

— Eu sei, mas o amor que sinto por "ele" é diferente... É a vida, ou melhor, é mais forte que a vida, e eu sei que "ele" também me ama assim.

Rosnan tentou desviar a conversa, chamando a atenção para a neve que caía. Nada, porém, fazia com que ela deixasse de falar "nele".

— Eu sei que ele virá me buscar, é questão de tempo. Ele sabe onde me encontrar. Sei que algo aconteceu naquela noite, mas ele virá e será muito em breve.

Natasha olhou para o amigo e viu uma lágrima caindo dos seus olhos. Estavam juntos há muito tempo, compartilhavam tudo em suas vidas, cada um sentia a dor do outro, mas Rosnan amava Natasha e esse era o motivo pelo qual ele nunca havia se interessado por outra mulher. Naquele momento, ela via que o amigo sofria por ela. Embora ele a amasse, sempre lutou pela sua felicidade e ela sabia disso. Tentou disfarçar a situação, dizendo a ele que tinha esperança de vida.

— Bobo, eu vou saber esperar por "ele". Foi você mesmo que disse que "os médicos não são Deus". Vou viver muito, você vai ver! Não vai ser esta tuberculose que me levará deste mundo. Vou lutar muito, você verá!

CAPÍTULO 2

São Petersburgo | 1892

Corria o ano de 1892 na Rússia dos czares. São Petersburgo fervia em política e os conflitos aumentavam dia após dia.

O czar Alexandre III reinava com certa dificuldade há um longo período e preparava o herdeiro, seu filho Nicolau Romanov, para sucedê-lo.

O país vivia momentos de recessão em várias áreas. O palácio dos czares ditava leis que, no dia seguinte, já não eram as mesmas. Era oscilante o comando do czar e o povo sentia esse enfraquecimento.

Tropas eram recrutadas para defender a honra da Rússia e, principalmente, a da família do czar. Os soldados não tinham mais tempo para ficar com suas famílias, muitos nem viam o nascimento de seus filhos, em função do tempo que se ausentavam. Outros nem chegavam a voltar para suas esposas, que ficavam viúvas, na miséria e na solidão.

A falta de alimentos gerava saques em diversas cidades, tornando ainda mais complicada a situação para a nação.

Ministros ligados ao czar reuniam-se a todo instante em busca de soluções, mas em primeiro lugar estava sempre a proteção do Palácio e dos nobres que o cercavam.

A Europa inteira estava atenta e protegia-se desse clima, fechando suas portas para outras negociações.

Moscou, distante de São Petersburgo, era a sede do maior

conflito da época, ao mesmo tempo em que explodiam as artes em todos os sentidos.

A sede dos czares, porém, era São Petersburgo, e de lá se comandava tudo.

O inverno rigoroso chegara mais forte que nos anos anteriores, diziam os mais velhos. A neve bloqueava as estradas, tornando as viagens mais demoradas e sofridas.

As aves fugiam para outros lugares em busca do sol e do calor, e os campos, cobertos de neve, não forneciam pastagem para os animas, fazendo com que muitos morressem por causa do frio intenso e da falta de alimentação.

Na estrada principal que ligava São Petersburgo a Moscou, havia uma taberna que recebia os viajantes antes de iniciarem as viagens, tomando as últimas providências ou fazendo pequenos lanches.

Sempre havia quem esquecesse algum suprimento e lá era o último lugar para se comprar. Depois, só praticamente no final da viagem é que se encontraria outra taberna.

O dono, Nicolai, era um russo filho de pais polacos. Homem robusto e forte, tinha ao seu lado a mulher Ludmila e dois filhos pequenos.

Eram taberneiros e faziam da taberna um negócio lucrativo, porque tiravam vantagem em tudo o que vendiam, por saberem que eram os únicos no lugar. Até mesmo informações quanto à situação das estradas, seus perigos e paradas, eram vendidas pelo casal.

Com eles morava o pai, ainda possuidor de boa saúde, mas o senhor Pedro não trabalhava na taberna. Sendo muito católico, não estava de acordo com a maneira que o filho agia. Sua mãe, devota do discípulo Pedro, deu ao filho esse nome, após um parto muito difícil.

Desde que ficara viúvo, o senhor Pedro trabalhava na igreja auxiliando o pároco, e voltava para casa somente ao anoitecer, depois da missa. Assim, ouvia pouco as brigas do filho com a nora.

— Nicolai faz dois dias que não entra ninguém aqui. O que vamos fazer?

— Mulher, fica no seu canto cuidando da casa e das crianças, que do resto cuido eu.

A situação era grave para eles, como era para toda a Rússia, o que deixava todos com os nervos à flor da pele.

Na igreja o movimento era grande. Indulgências, promessas, dízimos, para garantir um lugar no céu. Estava sempre lotada e o padre não dava conta de tantas confissões.

Somente no final do dia, quando podiam fechar a porta da casa de Deus, é que o senhor Pedro ajoelhava diante do altar de São Pedro e rezava, pedindo proteção para a família do filho, sem nunca esquecer de um irmão mais velho que ficara na velha Polônia.

Masvisc, embora tivesse a mesma criação católica de Pedro, ia mais além, acreditando em vida após a morte, indo muito pouco às missas e vivendo mais em contato com um orfanato, que ficava perto de sua casa.

Não tivera filhos, viveu com a mulher dedicada e companheira e cuidou algum tempo de dois jovenzinhos que encontrara abandonados à beira da estrada, quando os pais foram mortos ao tentarem fugir da Polônia. Um tempo depois eles foram embora com parentes e ele logo ficou viúvo, passando a viver para a sua nova fé.

Masvisc ficou com eles como se fossem seus próprios filhos. Foi por causa da morte desse casal que Masvisc passou a acreditar em vida após a morte. Contava para Pedro que, em certa noite sem lua, fora chamado para socorrer aquela família e, desde aquele dia, passou a acreditar na sobrevivência da alma.

Em suas orações e, principalmente quando estava em frente ao altar, Pedro pedia pelo querido irmão e por todos da Rússia e da Polônia, pátria distante, para onde pretendia voltar.

A igreja em que o senhor Pedro trabalhava era frequentada por diversas famílias nobres da cidade. O bispo que dirigia os serviços do pároco tinha grande influência no meio político.

Ele sempre estava fazendo campanha em prol da Igreja Católica, em função da divisão de igrejas que existia na Rússia.

Pedro servia a todos igualmente, cuidava dos recintos com respeito e abnegação, nunca se negando a contribuir além de sua hora de trabalho.

Nas horas de folga, gostava de ir ao jardim público, olhar os pássaros e o vaivém das pessoas, ouvir os gritinhos das crianças e de suas amas a ralharem.

À noite, chegava cansado em casa, mas ainda ajudava a tomar conta da taberna para o filho jantar sossegado com a família. Só depois é que ia jantar, e tinha prazer em gastar os últimos minutos do dia conversando com os netos, que adorava mais do que tudo na vida.

Sabia que o filho e a nora faziam negociações desonestas, tentou várias vezes falar sobre o prejuízo que isso causaria se os comandos do governo descobrissem. Mas o filho achava que ele estava muito velho e não entendia das coisas.

Somente restava a Pedro as orações que fazia pelo filho. Procurava não estar perto quando ele ia fechar algum negócio, pois sabia que não seria honesto e tampouco ouviria seus conselhos de pai.

Sofria com a situação, mas não tinha outra saída a não ser esperar até o dia em que pudesse voltar a morar com o irmão na Polônia. Isso dava-lhe forças para suportar aquela situação que não aprovava.

Assim, sempre que estava com os netos, lia o evangelho de Jesus, ensinava-os a serem honestos, trabalhadores e fiéis a Deus. Não sabia como seria o dia de amanhã dos pequenos, mas tentava passar o melhor. Aquela era a sua herança, como ele mesmo dizia.

CAPÍTULO 3

A jovem Natasha Staliwisk | Moscou, 1893

— Venha, Tigre... Venha me pegar — Natasha corria, saltando as flores do grande jardim, seguida pelo cãozinho de estimação.

A mãe, bordando uma tela, observava a filha, achando graça em tudo o que ela fazia.

— Natasha, você pensa que está na sala de aula de balé?

— Por que, mãe?

E continuava a dar saltos ornamentais no ar, com a cadelinha tentando pegar seu vestido, latindo muito com a agitação, querendo acompanhar a dona.

— Veja esse salto... Está parecendo balé de Petipa.[1]

Natasha riu muito ao ouvir e parou, caindo perto da mãe que acabara de falar, porém com pose de *gran finale*. A mãe aplaudiu, gritando um "bravo".

Moscou, em 1893, era uma cidade de grande movimento, e as artes predominavam na escolha do povo. Sem dúvida Moscou era o centro cultural do país, e o balé tinha uma enorme repercussão.

[1] Marius Petipa, bailarino e coreógrafo, nasceu em Marselha (França), em 11 de março de 1822.

A universidade estadual, com seu imenso prédio, dava cursos em quase todas as áreas, sendo grande o número de alunos e maior ainda a exigência em relação ao ensino.

O teatro "Opera Ballet", com uma arquitetura belíssima, em noites de espetáculos ficava todo iluminado, recebendo os convidados em alto estilo. Eram as famílias tradicionais as primeiras a ocuparem seus lugares dentro da plateia, com reservas antecipadas. Condes, duques e os novos ricos desfilavam suas joias, seus trajes finos. A cada noite vestiam-se diferente, mas a espera maior era a chegada do czar e da czarina, quando vinham a Moscou para um espetáculo especial. Estavam sempre acompanhados por seu séquito. Eram olhados e comparados em seus trajes e condutas.

Cocheiros enluvados e trajando preto abriam as portas de seus carros, dando as mãos às mais distintas damas, e ficavam à espera na porta do teatro, conversando com os outros colegas de profissão.

Longe de São Petersburgo, Moscou competia com a cidade dos czares, querendo sempre impressionar em tudo que podia.

No balé havia grandes nomes dançando, e nas salas de aulas de sua academia, renomados professores ensinavam a arte do balé clássico, formando futuros bailarinos para povoarem mais palcos de dança.

Natasha cursava um dos últimos estágios da escola de bailados, porém não chamava a atenção dos coreógrafos e dos professores, estando sempre como apoio dos balés. Fazia parte somente dos conjuntos, nunca estando entre as solistas e primeiras bailarinas. Invejava sempre as colegas pelas posições, pois gostava muito de balé e aspirava ocupar o primeiro lugar da companhia de dança.

Não era, porém, suficientemente esforçada para ser uma diva no balé, que dava todo o esforço de seu corpo para atingir a perfeição. Assim, ela continuava estudando para se formar e cobiçando cada dia mais um lugar de destaque.

Sempre que podia, estava atrás dos coreógrafos do balé, endeusando-os para obter uma posição melhor.

Cabelo preto, liso e comprido. Olhos verdes enormes e cheios de brilho, pele muito alva como o leite, que contrastava com o negro do cabelo e ressaltava a cor dos olhos. Seu corpo, longilíneo como o balé exigia, formava um conjunto digno de inspirar qualquer pintor da época.

A família de Natasha estava reduzida ao pai, Lutter Staliwisk, nascido na Polônia, filho de pai russo e mãe polonesa, e à mãe, Rina, filha de imigrantes italianos na Polônia, onde se conheceram e se casaram.

Natasha possuía do pai a persistência, o querer tudo de imediato e a malícia de saber conseguir. Da mãe, herdara a graça dos movimentos, a alegria pela música e pela dança. A mãe sempre dizia que o povo italiano era o mais alegre do mundo.

Filha única, toda a atenção era voltada para ela. O pai nunca corrigira a filha, deixando sempre para a mãe a parte mais difícil. Ele somente dava carinho e a elogiava em tudo que fazia, falando a todo instante que ela era seu orgulho.

A mãe é que era, enfim, o dique para as emoções da filha. Criada na religião católica, alma boa e sensível, tentava sempre estar dentro dos ensinamentos cristãos. Era muito obediente como esposa, levando sua vida em função das determinações do marido. Quanto à parte religiosa, passava o que aprendera para a filha, procurando cortar as arestas que não eram boas. Rina era muito crente em Deus e acreditava na imortalidade da alma, pensamento que longe estava do marido seguir ou acreditar.

Natasha cresceu com muita mordomia, nunca sentindo a necessidade de ter que se privar do que queira. Estavam em Moscou há apenas dois anos, quando vieram da Polônia.

O sol já estava quase se escondendo e as duas, mãe e filha, ainda estavam sentadas no jardim da sua bela residência.

O branco da pintura da casa e o verde das plantas no jardim criavam uma bela combinação de cores para os olhos de todos.

Canteiros de rosas coloridas enchiam as alamedas, ocupando todos os espaços destinados às flores. O jardineiro, nesta hora do final do dia, regava o jardim e assobiava uma canção, não prestando atenção à conversa das duas.

— Mãe...

— Mamãe! Por que você não me chama de mamãe?

— Gosto mais de mãe, é pequeno de se falar e mais forte de se sentir!

— Está bem, não implicarei, sou sua mãe e pode me chamar como quiser. Quero é o seu amor e respeito. Mas, o que você queria perguntar?

— Mãe, porque mudamos para Moscou tão rapidamente? Lembro-me que, chegando em nossa casa depois da aula de balé, papai estava fazendo as malas e tentou explicar-me, mas realmente não entendi nada. Só não insisti por respeito e porque senti que ele estava ocultando algo. O que era, mãe?

— Natasha, não era nada. Tínhamos recebido uma proposta melhor de vida, foi isso... Bem, o sol já se foi, vamos entrar que a noite logo vai cair.

Largando a filha a pensar, Rina foi logo caminhando e subindo a escadaria de mármore. Não percebendo os degraus, subia como uma criança que corre, para não dar explicações de seus atos.

A filha, parada, olhava o comportamento da mãe e teve a certeza de que ela escondia alguma coisa, de que algo tinha acontecido na Polônia, para eles terem que deixar o país tão rapidamente.

— Natasha, toque o noturno de Chopin.

Lutter pedia à filha, que brincava com as teclas do piano. O noturno era a música preferida dele.

— Tocarei, se prometer não acender o cachimbo perto de mim.

— Que implicância com o seu pai, minha filha — ralhou a mãe que, ao lado do marido, estava lendo um livro.

— Está bem, papai, tocarei mesmo com o cheiro horrível do seu cachimbo.

Mal ela começava a tocar a melodia pedida pelo pai, entrou na sala a copeira, anunciando a chegada de Caio, o noivo por quem a mãe tinha gosto, pois também era de origem italiana, nascido na Polônia e depois indo viver na Rússia com a família.

Natasha ouviu a governante anunciar a chegada do noivo e continuou a tocar, sem se dar conta de que o rapaz entrava na sala e cumprimentava os futuros sogros.

— Natasha, olhe, Caio está aqui — a mãe logo se irritou com a filha.

A moça parou a música ao ser repreendida pela mãe e dirigiu-se ao noivo, dando um rápido beijo na face avermelhada do bonito jovem.

— Olá, Caio, tudo bem?

A cozinha da residência dos Staliwisk era grande e com muitas janelas, dando vista para a área de serviços da casa. Havia também um bonito jardim pequeno, junto à horta, onde eram plantadas as ervas aromáticas que Rina fazia questão de ter em sua alimentação.

Uma vez por semana era servido um almoço à la italiana, lembrando a sua origem. Assim é que amenizava a saudade dos parentes que viviam na Itália. Anne, a empregada de tanto tempo, cozinhava e usava as plantinhas aromáticas que Rina tanto exigia nos molhos das massas.

Anne além de cozinhar muito bem, foi também ama de Natasha. Logo que foi trabalhar na casa deles, havia outra cozinheira na família, e ela somente assumiu a cozinha quando a menina não precisava mais de seus cuidados.

A dedicação foi total naqueles anos todos.

— Anne! Anne! — Natasha gritava lá do jardim dos fundos, enquanto pegava uma fruta da árvore.

Anne, ao ouvir o grito da moça, largou tudo e pediu para a copeira Leni continuar a cozinhar o ensopado que estava no fogo.

— Fale logo o que você quer de mim, pois estou preparando o almoço e o seu pai vai trazer um amigo para almoçar.

— Anne, sente-se aqui — Natasha indicou a grama onde estava sentada.

— No chão? A grama ainda está molhada — falou, admirada com o pedido da moça.

— Com tantas saias não vai molhar o seu traseiro, fique sossegada.

— Natasha, olhe o respeito!

Anne sentou-se ao lado da moça, que era como se fosse sua filha.

— Está bem, fale agora.

— Anne, você já teve um namorado?

A empregada ficou vermelha e tossiu nervosamente.

— Natasha, o que é isso?

— Por favor, Anne, é sério, preciso fazer algumas perguntas.

— Tive um noivo que morreu na guerra, antes de nos casarmos.

Ao lembrar o noivo, Anne se emocionou e os olhos se encheram de lágrimas.

— Oh, minha querida, não foi para você sofrer que eu perguntei. Eu preciso saber... Somente assim é que você vai entender a minha pergunta.

— Diga o que é e eu prometo responder, se for capaz.

— Quando se tem um noivo, o que devemos sentir por ele?

— Que pergunta esquisita, veja só... Quando se tem um noivo, deve-se amá-lo com todo o coração e sentir alegria em estar junto dele. O coração da gente dispara ao leve toque de suas mãos, a presença dele ao nosso lado é um momento de ternura e a gente não quer que termine nunca.

Anne parou de falar e olhou Natasha que, fixada em sua face, observava-a com uma leve tristeza.

— Por quê? Não se sente assim com o seu noivo?

— Não gosto de Caio, acho-o bonito, agradável, mas o meu coração nunca disparou com a presença dele ao meu lado. Ao contrário do que você falou, olho no relógio o tempo inteiro quando estamos juntos, para ver se as horas passam mais depressa e ele vai embora.

— Natasha, deve sofrer muito com este noivado.

— Não sofro, Anne. Só que não sinto nada em especial pelo meu noivo. Agora que você falou, lembro-me de um sonho que tive, noites atrás. Sonhei que era ternamente abraçada por um homem, mas não via o seu rosto. Com ele sim, eu senti meu coração disparar e bater descompassado. Nesse momento tão lindo, fui acordada pelas batidas de minha mãe na porta do quarto, para me despertar.

— Talvez seja o seu príncipe encantado que em sonho a visitou.

— E será que não vou encontrá-lo?

— Já o encontrou, é o Caio.

Anne falou e saiu com passos largos, indo para a cozinha e deixando Natasha sozinha.

— Não pode ser o Caio... Por que será que não gosto dele como as heroínas dos romances que mamãe lê? Por que sinto saudade de uma coisa que não sei o que é?

— Natasha, venha almoçar, temos visita.

Era a mãe chamando a filha, que estava perdida em devaneios que ninguém entenderia.

— Sirva mais vinho para o nosso amigo Grotroisv.

Lutter pedia a Anne que enchesse a taça do convidado. O almoço estava sendo acompanhado de bons vinhos e a mesa estava farta de iguarias.

— Obrigado — disse Grotroisv ao anfitrião, e continuou a falar das pessoas da casa com muito elogio. — Você tem uma família muito bonita, amigo Staliwisk. E a sua filha, já está em idade de casamento?

— Claro, e já está comprometida com um jovem brilhante chamado Caio, estudante da Universidade que já está servindo na guarda de honra do Governo.

— Oh! Então podemos descansar quanto ao seu futuro.

E todos deram gargalhadas com a piada do convidado. Somente Natasha é que ficou calada.

O frio estava intenso naquela manhã de março e a neve ainda caía brandamente. Natasha descia da carruagem e entrava correndo na academia de balé.

A sala aquecida e ampla, com grandes janelas que deixavam ver a paisagem pelos vidros sempre muito transparentes, acolhia os jovens que vinham com a disposição de fazer uma boa aula.

— Hoje teremos um inspetor do teatro, que irá escolher cinco bailarinos para a companhia de dança.

Mal a professora acabou de falar e o batimento cardíaco de todos os alunos aumentou em seu ritmo. Era o sonho de todos: fazer parte da companhia do teatro de Moscou.

— Vamos começar a nossa aula.

O pianista começava a tocar e logo em seguida ouvia-se a voz da mestra:

— E um e dois...

E a aula prosseguiu em total silêncio, não por respeito à mestra, mas por estarem todos sonhando com a possibilidade de serem escolhidos.

— Descanso de dez minutos e não demorem em retornar.

O diretor da academia entrara e, depois de cumprimentar a professora, dirigiu-se para a cadeira já posta no lugar em que deveria sentar e analisar os alunos. Homem sério, sisudo, posicionou-se de uma maneira que dava bem para ver todos, não perdendo nenhum detalhe.

No colo dele, um caderno para anotar tudo o que lhe interessasse em relação ao futuro participante da companhia oficial de balé.

A tensão era grande e o suor caía sem parar dos corpos dos bailarinos, embora do lado de fora o frio fosse intenso. Ao término da aula, ele pediu que ficassem em fila na sua frente e foi chamando os escolhidos pelos números que identificavam os bailarinos.

A cada um que ele ia chamando, Natasha sentia a esperança de ser a próxima.

Quando faltava o quinto número, que seria a última chance para todos os esperançosos alunos, o coração de Natasha parecia que ia saltar do peito, de tanta expectativa.

— O quinto a ser chamado é o número 12, Ivanov.

Natasha caiu no chão de tanto que tremiam as suas pernas. Engoliu o choro e a raiva, e disfarçou dizendo que caíra porque torceu o tornozelo e desequilibrou-se.

Em casa, o mau humor da moça era insuportável. Anne foi a única pessoa a quem ela contou o acontecido. Os pais ficaram sabendo pela empregada, porém, Natasha não quis falar com mais ninguém a esse respeito. Nem mesmo Caio ela recebeu naquele dia.

A rotina na família Staliwisk permanecia sem alterações. Natasha continuava a fazer suas aulas de balé, esperando outra oportunidade aparecer, cada vez se desesperando mais por não estar nas listas dos escolhidos.

Seu ciúme era tanto, que dizia a todos que os escolhidos eram os protegidos da academia.

Esse estado de baixa autoestima só não aparecia quando ela estava dançando ou ao piano. Eram seus momentos preciosos.

As carícias do noivo que, com o decorrer da intimidade aumentaram, não preenchiam o vazio que sentia no coração. Mas, educada para obedecer aos pais, aceitava a situação sem reclamar.

Caio percebia essa indiferença para com ele e dizia: — Quando casarmos, você aprenderá a me amar, você verá.

A loja de tecidos e perfumes que Lutter possuía ia de vento em popa, como costumava dizer a sua mulher. As famílias importantes de Moscou eram suas clientes e fiéis compradoras.

Da França, ele encomendava os mais finos perfumes. Todas as moscovitas queriam estar perfumadas, imitando as francesas, conhecidas pelo bom gosto dos perfumes usados, que despertavam paixões nos homens. Tinha ainda as mais delicadas sedas e os mais lindos veludos, e toda a casta da cidade ia em busca deles, quase que semanalmente.

— Senhor Lutter, chegou hoje uma carta para o senhor. É da Polônia!

Mal o vendedor da loja acabava de pronunciar o nome da Polônia, Lutter deu um salto de sua cadeira e, bruscamente, tirou a carta das mãos do moço, que já estava acostumado com essa situação sempre que chegavam notícias da Polônia. O empregado saiu logo, pois sabia que o patrão queria ficar sozinho.

— Não pode ser...

Ao ler a carta, Lutter ficou vermelho de raiva e explodiu:

— Outra vez essa ameaça... Até quando?

CAPÍTULO 4

Conde Wladim Ivanovitch Kolosk São Petersburgo, 1894

A carruagem corria pela estrada já totalmente sem neve, e o sol aquecia um pouco a temperatura daquela primavera que se iniciava. Dentro do veículo, dois ilustres senhores, conde Wladim Kolosk e seu cunhado, o duque Igor Pavlov, que vinham de Moscou para São Petersburgo, onde residiam.

— O czar entenderá tudo...

— Você tem certeza disso, Wladim?

— Sim, ele é nosso amigo e vai compreender também que os negócios são um jogo de azar, ganha-se ou perde-se. Ele quis apostar e nós fizemos todo o possível para dar certo. Quem iria imaginar que o acordo favoreceria mais Moscou do que São Petersburgo. Infelizmente, o governo moscovita ganhou e teremos que dar aquelas terras para eles.

— Mas Nicolau Romanov[2] adora ir caçar com seus amigos bem naqueles sítios...

— O czar pode cavalgar em tantos lugares que mal podemos calcular a imensidão. É um sonhador e aceitará o acordo. Ademais, está envolvido com o seu recente casamento e a czarina preencherá todo o seu prejuízo.

— Parece-me que ela espera um herdeiro.

[2] Czar Nicolau Aleksandrovitch Romanov (1868-1918).

— Assim de pronto?

Ambos riram da situação dos czares recém-casados.

A paisagem ia sumindo à frente, pois havia decorrido quase que o dia inteiro. O sol estava se pondo no horizonte. A escuridão dentro de pouco tempo tomaria conta da luz e prometia ser forte. Assim, os dois companheiros resolveram tirar um bom sono até chegarem aos seus lares.

Faltava cerca de trinta quilômetros para eles entrarem na cidade e o cocheiro avisou-os da necessidade de dar água aos cavalos, e que estavam perto da taberna da família Sandlars.

Logo que pararam, o cocheiro dirigiu-se ao taberneiro. Naquela noite, o velho Pedro atendendia os clientes que batessem à porta da taberna. Enquanto isso, o filho e a família jantavam.

— Pois não senhor, o que deseja?

— Água para os animais.

Pedro logo indicou o bebedouro, para que ele levasse a carruagem mais perto do local. Neste instante, Pedro aproximou-se do carro e viu pela janela os dois ilustres senhores.

— Posso servir alguma bebida para os senhores?

— Não, obrigado — falou o conde Kolosk.

Pedro olhou para o rosto daquele homem tão elegante e sentiu-se bem em dirigir-lhe a palavra.

— Sempre às suas ordens...

— Conde Kolosk.

Pedro saiu de perto dos senhores e foi conversar com o cocheiro, enquanto os animais bebiam água.

Na partida, o conde fez um cumprimento com a cabeça e acenou de leve com as mãos.

Pedro, ao ver os viajantes partirem, pensou:

— Interessante esse conde... Por que será que ele me impressionou tanto? Bem, deixe isso pra lá, senão vou ficar igual ao meu irmão Masvisc, acreditando em bruxas.

O castelo de três torres estava todo iluminado, à espera de seu dono. O grande portão de ferro, guardado pelo vigia que logo reconheceu a carruagem, foi se abrindo e dando passagem ao coche do patrão.

Os dois grandes cães de guarda, bravos e adestrados, pareciam mais bravos pela cor negra de seus pelos. Ao sentirem seu dono, latiam tanto, fazendo festa de boas-vindas. Tanta era a alegria dos fiéis animais, que quase derrubaram o conde quando ele saiu do carro.

— Muito bem amiguinhos, muito bem. Agora chega, preciso entrar.

Na porta da casa, a esposa o aguardava com um lindo sorriso. Abraçou-o e ajudou com um pacote que ele trazia nos braços.

Uma leve brisa balançava as cortinas brancas que emolduravam as janelas do castelo. Notava-se bom gosto e esmerado zelo presente em toda a residência dos Kolosk. Construída no meio de um parque florestal, era vigiada por guardas e por ferozes cães, impedindo a entrada de qualquer estranho no local.

— Olá querida — dando um leve beijo na testa da esposa, foram entrando abraçados e saudosos.

Wera disse:

— Senti muito a sua falta. Clarisse e Ivan já se recolheram, pois amanhã acordam cedo para o colégio, mas deixaram um beijo para você.

A mesa de jantar da sala íntima estava à espera do dono. Apenas uma parte da grande mesa estava posta, todavia com o cuidado de não faltar nada ao chefe da família, ausente por tantos dias.

— Querido, jantei com as crianças, pois não tinha certeza da hora de sua chegada.

— Fez muito bem! E o seu estômago, melhorou?

— Sim, depois que comecei a tomar os remédios do médico e seguir as suas orientações, estou melhor.

Wladim dirigiu-se aos seus aposentos e banhou-se, ficando livre da poeira da estrada. Recomposto, retornou à sala, onde a mulher o aguardava.

— Esta viagem de Moscou para cá se torna cada vez mais longa. Estou alquebrado.

O mordomo serviu-lhe uma bebida para abrir o apetite e relaxar um pouco. Enquanto bebia, Wladim relatava para a esposa todos os acontecimentos políticos em que estava envolvido. Ocupava um cargo de confiança do czar Nicolau Romanov e também servira antes a Alexandre III, de quem Nicolau herdou o trono. Tinha amizade pela família imperial, a quem dedicava profunda lealdade.

— E as festas em Moscou? Foi a alguma?

— Minha querida, as duquesas e as condessas de Moscou continuam frias e de mau humor por causa de seus vestidos, pois Paris não manda nenhuma novidade e elas sentem-se abandonadas.

— Nenhuma o cortejou?

— Wera? Coloca-se em seu lugar de condessa! Intimidade dos homens não são para os ouvidos de esposa como você. Ademais, nunca lhe causei aborrecimento desse gênero.

— Sergei, sirva o seu patrão.

Wera mudou a conversa, sentindo-se envergonhada da repreensão do marido e de ter perguntado algo tão íntimo para ele. Sentia ciúme.

Embora o tempo estivesse passando, ele ficava mais sedutor. As têmporas estavam começando a clarear, os cabelos começavam a pratear, deixando-o mais elegante com a idade. Amava-o intensamente e era feliz ao seu lado. Casara com ele aos 18 anos e, o que sabia da vida, fora ele que ensinara.

Wera Grigoriovna Kolosk vinha de um lar tradicional russo e o casamento foi perfeito para as duas famílias. Wladim tinha profundo respeito e dedicação por ela.

— Por que sentir ciúme? — perguntava a si mesma. — Wladim está com quase 43 anos, sempre honrou o nosso casamento... Preciso é deixar de ter essa insegurança.

Tentou puxar outra conversa, enquanto o marido jantava.

— Não acha que está na hora de Clarisse se casar e que precisamos arrumar-lhe um noivo?

— Bobagem, ainda é cedo... Tem apenas 15 anos. Quando for a hora certa eu providenciarei um bom marido para ela.

Acabando a refeição, acendeu um charuto e desceu para a sala de música, pedindo um licor para o mordomo sempre presente. Wera sabia que, nesse momento após o jantar, ele queria ficar sozinho para refletir e relaxar.

Deu boa noite ao marido e retirou-se para os seus aposentos, que ficavam no segundo andar. O terceiro andar era do conde e de seus convidados. A família ficava com o andar do meio, que tinha mais duas suítes para convidados de Wera ou dos filhos.

No seu gabinete, dentro de uma ala do palácio do czar, Wladim Ivanovitch Kolosk recebia o cunhado e companheiro de viagem.

Igor Pavlov adentrava com mais dois companheiros de trabalho, e fechava a porta para poderem discutir a pauta do dia, que eram as terras do czar.

Depois de terem observado nos mapas do palácio a localidade, verificaram o tamanho do prejuízo e Igor falou preocupado:

— Quem será o portador desta notícia?

— Senhores... Eu irei falar com o czar! — Kolosk respondeu com firmeza.

CAPÍTULO 5

No palácio do Czar

Na responsabilidade de ocupar o trono da Rússia, deixado por seu pai Alexandre III, Nicolau Romanov sentia muita insegurança.

Tinha que dirigir um país tão importante, e recebera a herança sem que pudesse ter escolhido tal situação.

— A morte — pensava consigo várias noites em que o sono não vinha — é um acontecimento inesperado que nos pega sem estarmos preparados e, quando pertencemos a uma família de governantes, agrava-se ainda mais esse conflito. Talvez para os que cobiçam esse poder o trono não seja um fardo tão pesado e nem tão inesperado, quando lhes bate à porta.

Nicolau, casado recentemente, era fiel à esposa e dedicado ao lar, diferente de antes do matrimônio, quando tivera tantas aventuras, algumas passageiras e outras duradouras.

Alice de Hesse, nova czarina da Rússia, era uma mulher culta e bela. Ligada aos mistérios ocultos de que a vida é preenchida, acreditava em fatos sobrenaturais e influências do além. Deixava-se ser envolvida pelos falsos magos, bastando que esses fizessem alguma de suas magias diante dela.

E eles, sabendo de seu interesse pelas coisas sobrenaturais, usavam sua mente fazendo com que ela acreditasse nas magias. A hipnose começava a ser praticada com grande normalidade, fazendo com que as pessoas ficassem à mercê de seus hipnotizadores.

A czarina sabia seduzir Nicolau com suas carícias tão

arrojadas. Um completava o outro e assim viviam felizes, pretendendo ter uma família numerosa e não perdendo tempo para que isso acontecesse.

Nicolau era sonhador e terno para com a família. Não concordava com o regime atuante em que vivia a Rússia, considerando-o inadequado, mas foi se conformando e tentando sempre fazer o melhor.

Seu sonho como czar era ver a união da coroa com o povo, o que não foi possível, por mais que ele tentasse.

Incentivava o esporte e gostava muito de caça e tiro, aproveitando sempre o tempo livre para ir aos campos e praticar com os seus amigos esses esportes.

Frequentava os espetáculos de balé e seu passado estava ligado a uma aventura com uma bailarina, lembrança que não falava com ninguém. Se algum amigo tocasse nesse fato, logo dizia: "O passado passou e não devemos trazê-lo para o presente."

Seu gabinete, na ala reservada para os seus ministros e conselheiros, era uma parte separada da ala residencial da família real.

Tumultuada estava naquela manhã a sala de reunião do palácio. As portas já haviam sido fechadas quando Nicolau entrou, passando pelos pajens, que as abriram com reverências especiais para o czar.

— Bons dias, senhores.

— Bons dias, senhores! — todos quase que em uníssono responderam, saldando o czar.

O recinto estava preparado com tudo o que precisavam para uma boa reunião, e com certeza iriam demorar muitas horas.

Cadeiras confortáveis com espaldares bem altos, dando

apoio para as costas dos distintos cavalheiros que ocupariam seus assentos aveludados.

A mesa, com mais de cinco metros de comprimento, mantinha sobre ela copos, jarras com água e taças finíssimas para licores.

Charutos espalhados sobre a mesa revelavam na etiqueta suas nobres origens, pois seriam usados por exigentes paladares ali presentes.

A sala estava muito bem iluminada pela luz solar que adentrava o recinto, como também pela iluminação que havia no palácio, dando assim facilidade para todos lerem os documentos do dia.

Perfumes masculinos se faziam sentir no ar, usados por nobres cavaleiros que compunham a equipe de confiança do czar e da pátria.

Eram, na maioria, unidos por certa amizade. Companheiros que, nas horas de folga, abriam-se em confidências uns para com os outros, falando de suas mais delicadas intimidades, como os casos das famosas amantes que existiam em suas vidas.

Os que tinham essas aventuras, procuravam quase sempre entre as artistas suas companhias amorosas, e as bailarinas não deixavam de estar dentro dessa escolha e predileção, pois eram bem educadas, formosas e tinham corpos esguios e belos, que de tantos exercícios físicos tornavam-se fortes, rígidos e saudáveis.

Kolosk reprimia muitos colegas que se aproximavam nas rodas sociais e revelavam seus casos amorosos. Sua dignidade era absoluta, como a tradição que trazia em suas veias e dizia sempre: "russo é integro!".

— Bem senhores, vamos dar início à nossa reunião. Qual é a primeira causa a ser verificada?

Os militares logo se puseram em destaque, comunicando e relatando como iam as suas tropas de soldados fora do país.

— As nossas fronteiras estão sendo defendidas com rigor e destemor — falou o chefe do exército, que havia enviado seus homens para treinar em campos longe da cidade do czar. Preparava seus soldados para possíveis combates, uma vez que na Europa sempre havia conflitos.

A Rússia, até o ano de 1881, foi governada tiranicamente pelos antecessores de Romanov. Alexandre III conseguiu mudar o rumo dessa sorte e seu filho, embora desinteressado pela política e frio com o povo, lutava defendendo a Rússia e se esforçava para manter o nome da família.

Depois dos relatos dos militares, que levou grande parte do dia, o czar pediu uma pausa para tomarem um lanche e se descontraírem um pouco, para depois continuarem a reunião.

O lanche foi servido no terraço do gabinete, ao ar livre. O dia estava bonito. O céu mantinha o azul com poucas e pequenas nuvens brancas, fazendo desenhos singelos e deixando a imaginação humana retratá-las como bem quisessem ou a sensibilidade permitisse.

As iguarias, tão diversas uma das outras, saciavam a fome apenas de olhar. Muito bem apresentadas sobre as bandejas de prata, tornavam-se um momento de prazer irresistível.

Os estômagos vazios não permitiam a ninguém recusar o lanche, pois a última refeição fora o desjejum.

Com educação e polidez, todos fizeram a degustação tão apreciada na roda de cavalheiros, sempre aproveitando os momentos para uma boa conversa.

— Kolosk, estou em situação difícil com Catarina, a moça que eu lhe falei há um mês.

— Caro Lukev, foi muita precipitação da sua parte se envolver com essa artista italiana. Falei a você de todas as consequências... Mas o que fez desta vez? Deu mais um bastardo ao mundo? — Kolosk ria muito, debochando da situação difícil pela qual passava o amigo.

— Pior que isso...

— Pior que um novo bastardo, somente dois bastardos.

Lukev, vendo que ele não entendia a gravidade de sua confidência, puxou-o de lado e, mais isolado, falou segurando-lhe o braço com firmeza, trazendo para a realidade o amigo que estava há pouco rindo de sua sorte. Kolosk percebeu a seriedade da situação, parou de brincar e ficou sério a olhar para Lukev.

— Desculpe-me, Lukev. Não havia percebido o quão séria é sua situação. Conte-me, sou todo ouvidos.

Neste instante, em que o amigo ia relatar os fatos, ouviram a voz do secretário do czar chamando-os para voltarem à sala de reunião. Mal deu tempo de Kolosk falar:

— Amanhã, depois do expediente, tomaremos um licor juntos. Você terá oportunidade de me contar tudo e verei em que posso ajudar.

Depois de Kolosk argumentar sobre o ocorrido em Moscou, referindo-se à perda das terras, o czar levantou-se de sua poltrona, apoiou-se na cabeceira da mesa e falou de forma firme:

— Perdemos? Pois então vamos pagar o que devemos a Moscou.

Um murmúrio voou pela sala e os olhares se cruzaram rapidamente, até que o czar prosseguiu:

— Demarquemos as terras perdidas. E que, nas próximas negociações, os senhores possam ser mais eficientes. Que saibam convencer os nossos adversários e triunfem.

Kolosk e os companheiros da viagem foram atingidos no que de mais importante tinham. E sentiram vergonha.

Em seguida trataram dos calendários artísticos e da nova temporada do teatro de São Petersburgo, que traria uma companhia italiana de ópera.

— Com toda certeza devemos dar as mãos à palmatória. A Itália é incomparável em suas óperas — disse o czar.

— O que trarão desta vez?

— Meu caro duque Palov, então não leu os folhetins? Será o "Nabuco", de Verdi.

— Usarão o nosso balé? — perguntou Kolosk.

— Sim, conde Kolosk. Pediram alguns bailarinos e o senhor, como mentor do nosso balé, apoiará por certo?

Havia um toque de malícia na voz de Frederico, um dos ministros de estado.

— Com toda certeza, senhores — respondeu Kolosk. — Darei o meu consentimento a essa aliança cultural com a Itália. Nunca se sabe o dia de amanhã. Mas não será politicamente que farei, pois todos sabem o quanto prezo a cultura artística.

A czarina apareceu na porta do gabinete, interrompendo o final da reunião. O sinal da gravidez já se fazia notar. Todos se levantaram e, desculpando-se por suas saídas, foram se despedindo com cortesia e reverências, deixando os czares a sós.

As carruagens, à espera de seus ilustres donos, encontravam-se à entrada do palácio com os distintos cocheiros, que esperavam seus donos com as portinholas abertas, prontos para ajudar seus senhores a subirem.

— Kolosk, não se esqueça de nosso encontro amanhã, às 17h30min, na livraria da praça. Tomaremos um licor e depois conversaremos.

— Não esquecerei, caro Lukev. Não se incomode, pois estarei lá.

De volta para casa, Kolosk pensava consigo sobre o caso do amigo e sua aventura:

— Mete-se em complicações e depois não sabe como sair delas. Casos amorosos... Deveriam ser mais atentos para evitar essas situações.

A rotina de casa não o tirou das sequências diárias e tudo correu como sempre. Todavia, naquela noite, teve vontade de comentar o caso de Lukev com a mulher. Refletiu e achou melhor não falar das intimidades de seus amigos, que eram homens de bem. As mulheres devem saber somente dos assuntos da casa, do lar e da família.

Assim, deixou que o de costume acontecesse e, após o jantar, dirigiu-se para a biblioteca, pegando um livro e saboreando seu charuto.

A esposa, entrou com cuidado, deu-lhe boa noite e os filhos acompanharam a mãe, para depois subirem aos seus aposentos íntimos.

Wladim ficou sozinho e notou que, mesmo lendo, sentia solidão. Não conseguia concentrar a atenção e vendo que estava impossível continuar a ler, fechou o livro e serviu-se de um licor. Afastando as brancas cortinas transparentes que envolviam a vidraça da janela, olhou a lua e notou o quanto ela enfeitava o céu.

— Acho que estou envelhecendo... Quanta bobagem... Solidão. Vou deitar-me, pois amanhã terei um dia repleto de trabalho.

O relógio batia 17h30m quando os dois amigos atravessaram a porta da biblioteca central, que ficava na praça de São Petersburgo. Era o local de encontro dos homens de negócios, após saírem de seus gabinetes ou de seus escritórios.Lá tomavam uma bebida e conversavam um pouco sobre o dia a dia.

Naquele dia, porém, Kolosk e Lukev tinham os semblantes

sérios. Lukev por estar carregando o problema a ser discutido, e Kolosk por saber que teria que ajudar o amigo.

Depois que o garçom serviu o licor de costume, Lukev respirou fundo, deu um gole na bebida e começou a falar:

— Wladim, o caso com Catarina é mais complicado do que você pode imaginar.

— Diga-me então, e eu avaliarei o grau de dificuldade. De repente você está com tanto medo de sua mulher, que vê a situação pior do que ela é.

— Não é medo de minha mulher, é do marido de Catarina!

Kolosk, que terminava de sorver um gole do licor, engasgou com o que ouvira.

— Marido? Tem marido nesta história?

— Catarina é casada com um mouro espanhol sem escrúpulos, matador profissional, foragido da polícia italiana e que tem um ciúme doentio. Ela sofre horrores em sua companhia, disse-me que quer largar dele, pois a maltrata e diariamente bate nela.

— Largue essa mulher Lukev, antes que o marido descubra o seu romance.

— Ele já desconfia, e o pior é que Catarina acha que está grávida.

— Deus... Que complicação meu amigo, não sei como posso ajudá-lo.

— Com a ópera italiana que vem aqui para nossa cidade.

— Como assim?

— Catarina precisa entrar na companhia italiana.

— Mas, que eu saiba, ela é atriz e não cantora. Ademais, a companhia italiana está contratando somente bailarinos para esta temporada.

— Aí é que entra o seu poder, colocando Catarina dentro da companhia.

— Mas o que isso ajudaria você, meu amigo? Logo que a companhia terminar a temporada eles partirão e os artistas contratados de nossa cidade aqui ficarão.

— Catarina partirá com eles. Ela tem um amigo e conhecido da família que é camareiro deles. Seus pais sempre foram amigos e ele ajudará a esconder Catarina até o navio zarpar.

— Verei o que posso fazer. Eu prometo que verei.

A companhia italiana, assim que chegou a São Petersburgo, recebeu Catarina como parte da equipe de camareiras. Ela fazia um pouco de tudo: servia lanches, arrumava os camarins, colocando tudo que os artistas precisariam e tinha que fazer bem. Dizia ao seu amigo que os italianos eram muitos exigentes.

Kolosk falou ao amigo que somente no setor de serviços domésticos conseguira o emprego para a moça, pois o elenco já estava completo, só precisando de bailarinos clássicos, o que o teatro já havia providenciado.

Lukev ficou feliz e agradeceu ao amigo, que por ser parte dos benfeitores das artes e ter prestígio junto ao czar, conseguira o emprego para a sua namorada, que estava lhe causando muita insônia.

— Obrigado, amigo!

Abraçando Wladim, Lukev agradeceu o final feliz que dera à situação criada por ele.

— Lukev, desta vez me foi possível atender ao seu pedido e dar uma solução plausível ao caso, mas pensa antes de agir, amigo. Não deixe a beleza e a sedução de uma mulher influenciar a sua cabeça. Tive algumas mulheres também, fui aventureiro por várias vezes, mas quando resolvi me casar, tornei-me fiel a Wera.

— Você é feliz com ela, por isso não a trai.

— Não é somente isso, Wera é uma boa esposa. Casei-me quando ela ainda era muito nova. Ensinei-lhe tudo e sou um felizardo pelo lar que tenho. Tudo está sob o meu domínio e em minha vida nada sai da equilibrada rotina. Isso até o dia em que eu deixar de viver. Até lá, vou sendo o homem de confiança do czar, tenho a herança que recebi em propriedades e, até o final de meus dias, terei sossego e segurança. Comparo a minha vida com um pequeno bote que navega em plácidos mares azuis. Sem nenhuma ameaça de tempestade, tudo sobre rígido controle. Por isso é que lhe peço, Lukev: dirija de agora em diante o seu bote com segurança e tranquilidade, sem aventuras. Mas, e quanto à situação de Catarina em relação ao bebê?

— Irá viver na Itália e terá o filho lá. Disse-me que irá trabalhar e sustentar a criança sozinha. Ela tem uns parentes no sul da Itália e irá para o sítio deles, ajudá-los no plantio.

— E o marido, sabe que ela está com a companhia italiana?

— Não. Catarina falou que está trabalhando na Santa Casa de Misericórdia com as freiras, assim ele não desconfiará de nada e, quando o navio zarpar e ele souber, já será tarde demais. Para a Itália ele jamais irá, com toda a certeza.

Os dois amigos riram muito com esta afirmativa de Lukev sobre o mouro espanhol.

— Bem, desejo-lhe sorte e que se cuide, de agora para frente.

— Fico lhe devendo esse favor, amigo, e como ainda é novo...

— Novo, eu? Já estou na casa dos quarenta e poucos...

Ambos riram e Lukev continuou:

— Como disse, fico devendo esse favor e pode contar sempre com a minha amizade e discrição.

Passado um mês desses acontecimentos, tudo voltou ao normal dentro das reuniões do palácio, e o bom humor de Lukev era impressionante.

— Que mudança opera em nosso colega Lukev? — perguntavam os mais chegados.

— Coisas da vida, com certeza — respondia Kolosk, fingindo nada saber.

A companhia italiana partira, e com ela Catarina, que seguia seu novo caminho em rumos distantes e desconhecidos. Levava apenas no coração as desilusões: do casamento e do amante, que nem apareceu para se despedir. Apenas carregava um filho no ventre, que não sabia ao certo de quem era; mas era o único bem que tinha nessa história toda.

Lukev não sentiu nem saudade com a partida. Tudo não passara de uma simples aventura, tão comum aos homens de então, e que só terminou bem pela ajuda do amigo Kolosk.

E, na sala da reunião do palácio, sem nada saberem ou perceberem a esse respeito, prosseguiram com a pauta do dia.

CAPÍTULO 6

O encontro com a cigana | 1895

O sol irradiava sua luz naquela manhã bonita de primavera, embora o frio ainda persistisse. Natasha, dentro da sala de aula, aplicava-se a seguir as orientações de seu mestre nas coreografias.

Ao término da aula, como de costume, Natasha saía apressada da academia e se dirigia para a loja do pai, que ficava a três quarteirões da escola, para irem juntos almoçar em casa. Isso já fazia parte do cotidiano das manhãs da moça.

Neste dia, porém, em que saltitava pelas calçadas, ainda sob o reflexo dos últimos exercícios do balé, seus pensamentos eram bastante confusos, embora o corpo seguisse um único movimento.

Em sua cabeça sempre agitada, carregava inquietações e seguia pensando nos colegas de aula, sempre achando um meio de colocar algum defeito nos exercícios deles. Na realidade, era pura inveja e despeito que carregava dentro de si, e não conseguia descobrir méritos em nenhum deles.

Na calçada, perto da loja de seu pai, foi abordada por uma cigana que foi logo falando:

— Estava observando você... tão sorrateira. Logo vi que tem um destino bonito. Posso ler sua mão?

— Como ler?

— Nós ciganos lemos a sorte das pessoas nas palmas das mãos.

A cigana pegou uma das mãos de Natasha e, apontando as

linhas delineadas, disse:

— Nestas linhas está contida toda a nossa vida. Futuro, passado e presente.

— Em troca do que você quer ler a minha mão? — Natasha sabia da fama dos ciganos por dinheiro, e foi direta ao assunto.

— Duas moedas, simplesmente.

Natasha abriu a bolsa, retirou a quantia e entregou-a à mulher, que logo guardou-a em seu bolso e começou a falar, segurando a mão delicada da moça.

— Tem muito talento, mas a insegurança e a cobiça para obter o que quer irão atrapalhá-la muito.

Natasha ficou pasma na hora. Como sabia aquela desconhecida de seus sentimentos ou de suas ações? Despertou nela a vontade de saber mais da cigana, que continuou:

— Vai conseguir o seu lugar, o tão cobiçado lugar, mas...

— Mas o quê? Vamos, diga-me.

— Melhor fora que não o conseguisse!

— Como assim? É o que mais quero na vida e, uma vez conseguido, será tudo para mim.

— Os meios que você usará para obter essa posição é que não serão o caminho certo.

Natasha achou que a cigana não falava a verdade e que somente queria impressioná-la, mas mesmo assim perguntou:

— Pois bem, pare com isso e diga-me do meu príncipe encantado, quando ele virá?

A cigana parou, franziu o rosto e olhou bem nos olhos dela. Largou a mão que estava segurando e falou como que em transe, como se estivesse falando sozinha:

— Não será um príncipe. Está mais para rei do que para príncipe.

Natasha riu da piada e perguntou, debochando:

— E então, quando ele vier, viveremos felizes para sempre?

A cigana abaixou os olhos e foi se afastando lentamente. Natasha, porém, puxou-a pela blusa branca de babados e disse, irritada:

— Diga-me, vamos então viver felizes para sempre, não é?

A mulher foi saindo. Sorriu sem jeito e disse alto:

— É... Será isso.

— Ciganas... Não sei por que perdi meu tempo com essas falsas adivinhadoras. Por isso são perseguidas; mentem somente.

Chegando em casa com o pai, Natasha foi direto procurar a mãe, que bordava uma toalha de linho branco na sala de música, perto da grande janela por onde avistava o jardim e a beleza do sol entrando através dos vidros.

— Mãe! Encontrei uma cigana que leu a minha mão. Se bem que ela não disse coisa com coisa, mas... Mãe você acredita em ciganos e nas sortes?

— Filha, para ser sincera, não sei. Eu tenho lido nesses livros que escondo de seu pai, pois ele não acredita em sobrevivência da alma e brigaria comigo se soubesse que eu os leio. Pois bem, esses livros franceses[3], que minha prima Gertrudes enviou-me, falam que existem pessoas com o dom de adivinhar o futuro, de falar do passado sem ter conhecimento dele. Existem outros dons também, como o de curar e o de esclarecer, através de palavras, as verdades existentes entre o céu e a terra. Pode ser que a cigana seja uma pessoa possuidora desses dons. Mas

[3] Livros da Doutrina Espírita, codificados por Allan Kardec.

agora vamos descer para o almoço e esquecer essa cigana desconhecida.

— Rina... Recebemos um convite para irmos ao grande baile que será oferecido ao czar e sua comitiva.

— Quando, meu pai? — perguntou Natasha, toda excitada com a possibilidade de ir à nobre festa.

— Será no próximo mês, no final da primavera. As autoridades de Moscou querem retribuir ao czar a gentileza que receberam.

— Garanto que todas as "madames" já foram para as suas costureiras encomendar seus ricos trajes.

— Mãe, quero também um vestido muito bonito, em tom azul, modelo Josephina.[4]

— Esse modelo fica bem para as francesas, não para uma russa.

— Eu não sou russa, sou polonesa, esqueceu?

O pai ficou vermelho quando a filha afirmou a nacionalidade. Realmente queria esquecer a Polônia.

Os dias correram tão céleres, que os Staliwisk mal se viam e se falavam.

Na loja crescera o movimento em função da chegada do czar. Em casa, Rina orientava o jardineiro para deixar os jardins impecáveis, pois o czar passaria em visita pelos bairros mais próximos da cidade. Natasha intercalava suas horas com o balé e a modista.

Toda Moscou estava em cuidados para receber o czar, a czarina e toda a sua comitiva.

[4] Josephina Bonaparte, mulher de Napoleão.

No palácio do governo a agitação era bem maior. Os quartos sendo remontados para agradar o soberano. Os grandes chefes da cozinha internacional já estavam em seus postos, providenciando o cardápio para os três dias de recepção.

A agenda era feita com muito cuidado sob a apreciação do secretário do czar, que conhecia todos os gostos do soberano. No primeiro dia, assistiriam no teatro Opera Ballet, a companhia de dança de Moscou com um clássico favorito do czar. No segundo, realizariam o grande baile no palácio do governo e, no terceiro, o czar e toda a comitiva visitariam os principais bairros da cidade. Após o passeio, o grande almoço e, depois da sesta, todos retornariam para São Petersburgo.

E tudo seguiu dentro das formalidades que se esperava. Os visitantes chegaram e se alojaram em seus requintados quartos. Logo em seguida começaram as solenidades.

O balé foi lindo, grandioso e muito elogiado pelo czar. A única que ficou em casa chorando foi Natasha, que não foi escalada para fazer parte do espetáculo da noite. Somente conseguiu adormecer altas horas da noite, conservando um gosto de vingança contra seus colegas, ainda mais tendo conseguido uma vitória, pois dentre todos eles, somente ela iria à festa. Os demais não tinham pai com amigos influentes.

CAPÍTULO 7

Um recado inesperado

Moscou estava em festa no dia do baile tão especial. Todas as damas e suas casadoiras filhas acordaram bem dispostas e preocupadas com seus trajes que, expostos nas portas de seus guarda-roupas ou pendurados em cabides de pés, aguardavam para cobrir os corpos de suas donas.

No palácio, o chefe da cozinha, as copeiras e todos os demais serviçais abriam as portas para a equipe de contratados, que iria preparar o banquete e a decoração do ambiente.

No salão principal, os músicos da orquestra já começavam a emitir alguns acordes, aquecendo os seus especiais instrumentos.

Os floristas carregavam para dentro do palácio braçadas de rosas vermelhas, que seriam distribuídas, limpas e separadas, para serem colocadas nos vasos.

Toalhas brancas e rendadas eram estendidas sobre o tampo das mesas de madeiras de lei. Cadeiras de espaldares altos eram vestidas com capas de puro linho, dando um toque de esmerado cuidado, para receber os ilustres convidados.

Naquela manhã, o czar tomara o desjejum no quarto, pois a czarina não acordara bem disposta. Estava com uma enxaqueca costumeira e já havia pedido a presença do médico no Palácio do Governo, o que fora de pronto atendido. As recomendações do médico eram para que ela ficasse em repouso até o final do dia e depois, com certeza, estaria pronta para a grande festa da noite, em homenagem ao marido.

Kolosk e a esposa acordaram bem cedo e foram à catedral para assistir à missa. Depois deram algumas voltas a pé pela cidade. Wera aproveitou para comprar algumas peças para sua casa e lembranças para os filhos.

— O que tem hoje, Wladim? Parece que está distante de tudo que lhe mostro, não se interessou por nenhum suvenir.

Kolosk não percebeu o que a mulher falava. Em seus pensamentos pairava a vontade de estar sozinho, e pensou consigo: — Como deve ser feliz o camponês. Ele senta na relva, olha para o céu e bebe toda a tranquilidade do lugar, sem que nada lhe perturbe. Ah!, como deve ser feliz o homem do campo. O homem simples com certeza tem paz e sossego.

A esposa, nada percebendo, chamou a sua atenção para o momento:

— Wladim! Você está sendo indelicado comigo.

Nisto ela apressou o passo, distanciando-se do marido.

Kolosk percebeu que não dera atenção para a mulher e, vendo que ela estava irritada, tratou logo de se desculpar. Não queria naquele dia brigar com a esposa. Tinham pela frente um baile importante para fazerem companhia ao czar e, politicamente para ele, também era importante aquele encontro com outras autoridades que lá estariam presentes.

— Calma, Wera, eu estou aqui e ouvi. O que mais quer?

— Quero ser ouvida pelo meu marido. Você está distante hoje... O que lhe falta?

Kolosk, com aquela pergunta, fez-se presente na conversa da mulher. Pensando na frase de Wera, retrucou em seus pensamentos: — O que me falta? Tinha tudo que precisava na vida, então porque sentia que estava sozinho e que precisava de paz. O que estava faltando? Neste momento, deu um giro em seu pensamento e voltou a falar:

— Nada me falta, querida. Estou bem, distraí-me com as

suas compras, pois foram tantas as lojas onde você entrou, que me estafei. Perdoe-me.

E passou o braço carinhosamente pela cintura da esposa, como que se desculpando.

— Está bem Wladim, vou acreditar em você, como sempre faço. Mas agora vamos apressar o passo, pois já está ficando tarde e precisaremos descansar um pouco para o grande baile.

Kolosk segurou no braço da mulher e caminharam a passos largos. Todavia, seus pensamentos giravam em torno de um só motivo: — O que me falta?

Lutter, em sua loja, também corria, atendendo às clientes. As mulheres entravam afobadas, pois queriam comprar meias de seda para usarem sob seus ricos vestidos, ornamentando seus pequenos pés, que vestiriam os mais famosos sapatos italianos, modelos recém-chegados a Moscou.

Outras clientes entravam para comprar frascos de perfumes franceses, pois não queriam ficar sem serem observadas pelos aromas dos perfumes da cidade luz.

As freguesas foram embora, ele estava fechando a loja e seu funcionário guardava as últimas caixas de sapatos que foram abertas para mostrar às clientes, quando um homem adentrou o recinto como se fosse uma águia.

Era um senhor de meia idade, moreno, alto e de maneiras grosseiras, com sotaque bem acentuado. Servey, conhecido da Polônia. Sempre que aparecia, trazia más notícias. Lutter, ao ver o conhecido, quase caiu de susto.

— Servey, o que faz aqui?

Lutter foi logo puxando o homem para dentro de sua sala, para que o empregado nada percebesse. Mas já era tarde, pois Cláudio tinha observado o visitante e, principalmente, o nervosismo de seu patrão.

— Cláudio, pode ir embora. Eu termino de fechar a loja.

— Senhor Lutter, faltam estas caixas aqui...

— Não se preocupe, eu guardo depois. Pode ir.

O rapaz percebeu que o clima da loja não era dos melhores. Rapidamente pegou o seu casaco e saiu apressado, mal se despedindo do patrão.

— Por que você está aqui? Eu falei para você sumir de minha vida. Já dei dinheiro bastante para você. O que mais quer agora?

— O meu silêncio está ficando muito barato. Você enriqueceu e eu sou parte desta "sorte" que você teve. Arrisquei a minha vida também, ou você esqueceu? Eu posso garantir que não esqueci de nada.

— Então o que quer?

Lutter estava vermelho de raiva.

— Trouxe um recado de Igor Gulost.

— Igor Gulost? Que recado é este, diga-me logo.

— Aqui está a carta dele, o resto é com você. Agora vou embora, mas antes preciso de algum dinheiro. Estou fugindo e pode ser que eu demore a voltar novamente.

Lutter foi até o cofre que ficava na antessala, certificou-se de que Servey não olhava, retirou de lá uma quantia de dinheiro e entregou-a ao chantagista, que saiu sorrindo e rápido como um rato.

Sentado no degrau da escada da sala, Lutter puxou os cabelos em desespero e, com muita força, disse:

— Por que isto agora? Tenho família, tenho a minha vida. Esta é a minha vida e ninguém vai tirá-la de mim, não agora... Eu consegui e venci, eles perderam e terão que aceitar. Foi o combinado.

Quando Lutter chegou a casa, Rina logo notou que o marido estava nervoso e de mau humor. Era natural e ela tinha que aceitar tudo calada. Fingiu que nada percebeu e foi receber o marido, tentando amenizar a situação.

— Olá, meu bem! Passou bem o dia?

— Se fizer o favor de não falar nada comigo, agradeço-lhe.

Falando isso, subiu para o quarto, fechando a porta aos trancos. Rina foi atrás e bateu na porta.

— Lutter, hoje é o baile para o czar, você vai?

— Se ninguém me aborrecer mais, eu irei. Agora vou descansar um pouco e não quero que ninguém venha interromper o meu sono.

Natasha ouviu o pai falar alto, correu para perto de Rina e, assustada, perguntou:

— Mãe, o que aconteceu?

Rina puxou a filha para longe da porta do quarto de Lutter e disse:

— Filha, algo aconteceu com o seu pai, não sei o que foi, mas é sério. Se eu perguntar, ele vai acabar brigando comigo e não iremos ao baile que tanto você quer ir.

— Oh mãe, isso não. Já não participei do espetáculo de balé que ofereceram para o czar, tenho que ir nesta festa, mesmo que for para ficar sentada o tempo todo. Tenho que mostrar a toda a academia que eu estive perto do czar. Não dancei no espetáculo, mas estive ao lado dele no baile.

Os olhos de Natasha brilhavam de vingança contra seus colegas, só de pensar que todos saberiam da presença dela no baile destinado ao czar.

— Natasha, um destes livros do francês Kardec ensina que devemos aprender a perdoar as pessoas.

— Perdoar? Perdoar aquele maître de dança horrível que só vê os queridinhos dele? Nunca...

— Nunca é muito tempo e na sua vida precisará de muitas pessoas. Lembre a toda hora que cometemos faltas e o nosso Pai Eterno sempre nos perdoa. Perdoe também, minha filha, e você será mais feliz.

— Feliz? Nem sonho com essa felicidade. Só quero mostrar que danço tão bem como qualquer um deles. No dia em que eles me reconhecerem, aí sim eu serei feliz.

— E o casamento? Você está noiva e não sonha com o casamento? Em ter filhos?

— Casamento está distante de meus planos. Estou noiva do Caio porque papai assim quis. Além disso, vejo o seu casamento e não me animo nem um pouco.

— Filha, cada um tem o seu destino. O seu será diferente do meu, e peço a Deus por você sempre.

— Obrigada mãe, mas não sou moça casadoira como as demais. Não por hora. Quem sabe um dia...

CAPÍTULO 8

Nos salões de Moscou

O teto espelhado do salão nobre refletia a suntuosidade do lugar. As cortinas vermelhas davam um contraste com as mesas e as cadeiras brancas.

Sobre as mesas, arranjos de rosas vermelhas acompanhavam esse bom gosto, por mérito dos excelentes decoradores.

A orquestra estava à direita do salão e da mesa reservada ao governador, ao czar e às suas respectivas esposas. Próximas a esta mesa ficavam outras cinco, destinadas à comitiva de São Petersburgo e de Moscou.

Era feito um círculo pelas demais mesas, deixando um espaço bem grande para a dança. Tudo estava harmoniosamente arrumado, dando ampla visão a todos os convidados, que podiam ver cada movimento dos homenageados. Estes detalhes não sairiam de suas cabeças por muito tempo, e teriam motivos para comentar com outras pessoas todo o ocorrido na festa.

Os Staliwisk chegaram sem serem notados por outras pessoas, uma vez que chegaram ao mesmo tempo que outros convidados e misturaram-se na grande porta de entrada.

Logo os cerimonialistas indicavam seus receptivos lugares e todos iam se sentando, sempre olhando ao redor e principalmente para a mesa do czar, que ainda estava vazia.

Da mesa em que estavam, Natasha podia ver parte dos jardins e imaginar o quanto eram grandes e belos. As grandes portas que davam acesso aos terraços estavam abertas, possibilitando ver partes do magnífico jardim e receber uma brisa suave, que amenizava o calor reinante.

Lá fora, estrelas cintilantes brilhavam no céu sem a presença da lua, o que deixava um clima nostálgico e misterioso pairando no ar.

As moças, pretendentes a bons casamentos, sonhavam com um passeio pelas alamedas do jardim, ao lado do futuro esposo. Somente Natasha não pensava nessas coisas. Seus pensamentos concentravam-se em conhecer o czar e, quem sabe, ser escolhida por ele para ser bailarina do balé imperial de São Petersburgo.

Lutter tentava disfarçar sua preocupação conversando com os amigos que sentaram à mesa com eles e não deixando transparecer o quanto estava irritado.

O clarinete soou alto e todos pararam de conversar e ficaram em pé, com os olhos voltados para a porta central. O mestre de cerimônia anunciava neste momento a presença do governador e, em seguida, a do ilustre homenageado.

Os casais andaram com majestosa imponência e sorriram ao passar pelos convidados, que em pé reverenciavam o casal imperial. O governador e sua esposa esperaram o czar e a czarina sentarem primeiro, para depois ocuparem seus lugares.

Logo depois entrou a comitiva, com a mesma precisão de seus condutores e, a seguir, todos se sentavam com muita elegância.

Natasha gelou de tanta emoção. Como eram majestosos. Quanta beleza na czarina. Que perfume pairou no ar quando ela passou por eles. Natasha percebeu tudo e ficou atenta ao cerimonial. Depois das apresentações das autoridades, voltou a sentar-se, sem perceber que a comitiva também entrava. Seus olhos eram para o casal imperial.

Kolosk, em pé, esperou Wera e a cunhada sentarem, para depois sentar-se, bem como Lukev. Os dois logo começaram a conversar e o assunto era este encontro tão esperado por tantos, e de repercussão política necessária às duas cidades russas.

Wera e Marie começaram a entreter-se com alguns comentários sobre Moscou e sobre a festa. Durante a noite toda, elas somente falaram de suas casas e filhos. A competição saudável de todas as mães aconteceu noite adentro.

A mesa dos Staliwisk também estava animada pelas conversas femininas, pois os dois senhores mal trocavam palavras.

Sem que todos percebessem, Caio chegou à mesa dos futuros sogros e, somente depois de começar a falar, é que viraram e notaram a presença dele.

— Senhores, boa-noite. Natasha, querida, como está linda!

Pegou a mão da moça e beijou-a delicadamente.

— Olá, Caio! Pensei que não tinha vindo.

— Estava no salão íntimo, junto com a comitiva organizadora, mas não perderia este baile por nada. E muito menos deixaria você sozinha, assim tão linda...

Natasha não gostou da piada e desviou o olhar para a orquestra, que começava a tocar a primeira música.

— Natasha, vamos dançar?

— Caio, ninguém ainda começou.

— Mas nós começaremos. Você está muito bonita e, com certeza, todos irão observar.

Esta frase mexeu com a vaidade de Natasha, que imediatamente colocou-se em pé e deu a mão para ser conduzida pelo noivo à pista de dança.

Apenas mais dois outros casais começaram ao mesmo tempo, na enorme pista preparada para o baile. Natasha estava feliz, não por estar dançando com o noivo, mas por todos estarem admirando-a.

Quem também percebeu sua presença foi Kolosk, que, ao levar a boca à taça de champanhe, parou antes de beber, olhando a moça na pista de dança.

Logo foi percebido pelo amigo Lukev:

— Disfarce o seu entusiasmo, ou logo os outros vão notar a sua admiração pela jovem.

Kolosk sorveu um gole e, olhando para o amigo com um sorriso maroto, foi logo dizendo:

— Aquiete, meu velho, não sou você.

— Não queira negar que ficou impressionado com a moça.

— Realmente fiquei. Ela é muito linda, graciosa, não sei bem o que me chamou a atenção. Talvez o seu sorriso, nada mais.

Depois deste momento, Kolosk seguiu a jovem na pista de dança e notou a frieza dela para com o rapaz que lhe fazia companhia. Mas algo mexia com ele. Pensava consigo: — Poderia ser minha filha... Mas não é. É uma mulher e muito linda.

Natasha terminou a dança e voltou para a mesa dos pais. Caio também ficou com eles, somente se levantado algumas vezes quando via um ex-colega de serviço militar.

Lutter, voltando do reservado, notou que o amigo não estava na mesa e perguntou:

— Senhora Abonost, onde está o meu amigo?

— Ele foi cumprimentar o senhor Kolosk, velho conhecido dele e atual braço direito do czar.

Lutter esticou a cabeça para ver melhor e certificou a presença do amigo na mesa da comitiva imperial.

— Meu pai, o que está olhando?

Natasha viu que o pai estava impaciente por estar sem o amigo para conversar, e tentou puxar conversa.

— Está vendo alguma madame com as suas sedas ou os seus veludos?

— Não, minha filha. Apenas espero por Abonost, mas é melhor sentar-me, pois ele pegou na conversar com o tal "braço direito do czar".

Natasha riu e bebeu um gole de champanhe, mas logo a mãe a repreendeu:

— Calma, minha filha, champanhe é para os adultos.

— E o que sou, minha mãe? Aos dezoito anos de idade, já passei da conta até de me casar.

Todos riram.

— Não parece ter dezoito anos — disse a esposa de Abonost.

— Obrigada, senhora. — E continuou a falar: — Veja, minha mãe? Sou definitivamente adulta. E a senhora, aos dezessete anos, já estava casada com o meu pai.

A conversa foi interrompida com a chegada de Abonost e Kolosk. Natasha, ao olhar o desconhecido que chegara, sentiu um aperto no estômago, algo que só sentia quando ia dançar para algum representante da academia e não podia errar.

— Senhores, este é meu amigo de muito tempo, conde Kolosk. Wladim Ivanovitch Kolosk.

Depois dos apertos de mãos, Kolosk falou:

— Senhores, é muito prazeroso estarmos todos juntos nesta noite.

Natasha ficou calada com a presença de Kolosk e, dentro de seus pensamentos, passavam mil coisas: — Por que estou sentido este frio de nervoso, causado pela presença dele? É um senhor... Mas é tão bonito e elegante. Seus cabelos começam a ficar com alguns fios prateados e isso o deixa mais sedutor. Mas é um conde e amigo íntimo do czar... Por que estou divagando por esses pensamentos?

Kolosk sentou-se na cadeira que Caio havia deixado vaga quando foi conversar com os colegas. Aproveitando a oportunidade, começou logo a falar de São Petersburgo, como um bom russo que era. Mas tudo foi muito rápido e logo o chamaram de volta à mesa. Pedindo licença e olhando bem nos olhos de Natasha, ele se retirou. Sua presença deixara-a gelada e, mais ainda, quando ele lançou sobre ela aquele olhar tão penetrante.

— Natasha, o que você tem?

A mãe viu a mudança de cor na face da filha e, passando as mãos pelo seu rosto, acariciou-a preocupada.

— Nada, minha mãe, não tenho nada. Já passou. Acho mesmo que foi o calor que está fazendo aqui dentro, que me causou este mal-estar.

Caio chegava a tempo de ouvir a mãe falando do estado da filha, e logo disse:

— Vamos ao terraço tomar uma fresca. Você com certeza vai melhorar. Vamos, meu bem.

— Não! — Todos olharam para ela, pois o tom era muito agressivo para com o noivo. Ela percebeu e retificou: — Não, Caio, prefiro ficar sentada. Já estou melhor, obrigada.

Caio esperou um pouco e, vendo que Natasha voltou a ter a cor natural em seu rosto, tirou-a para dançar. Ela somente aceitou para poder olhar onde Kolosk estava sentado.

Rodopiando, viu Kolosk e a esposa a bailar também, entre os casais. Fez de tudo para que Caio, sem perceber que estava sendo usado, chegasse perto deles e então viu novamente o olhar de Kolosk sobre ela. Mas mal teve tempo para pensar, pois a música terminava e Caio a reconduzia para a mesa dos pais.

— Wera, me dê licença. — Kolosk foi se levantando e falou: — Prometi tirar para dançar a filha de um novo conhecido, amigo de Abonost, e devo ser cavalheiro e gentil com esses moscovitas. Isso faz parte da "boa vizinhança".

Riu e saiu, dirigindo-se à mesa dos Staliwisk. Wera, que tudo aceitava do marido, concordou e ficou a admirar a festa e a conversar com a amiga.

Ao chegar à mesa dos Staliwisk, disse:

— Senhores, permitam-me tirar a senhorita Natasha para dançar? — E prosseguiu, sendo muito cortês: — Notei que ela dança muito bem e, como sou apreciador da boa dança, gostaria de retribuir a gentileza que recebi dos senhores esta noite.

Todos pararam de conversar e ficaram surpresos.

— Senhor... — Caio, nesta hora, se levantou para impedir que ele pegasse sua noiva, mas Natasha se adiantou e disse rapidamente:

— Caio, dê-me licença. Será um prazer dançar com o senhor Kolosk e sei que você não vai se importar, já que também é gentil.

— Caro Caio, desculpe-me, não nos apresentaram. — Kolosk estendeu a mão. Caio apertou-a com desprezo e, de pronto, disse:

— Sou o noivo de Natasha, senhor Kolosk, noivo.

— Oh! — exclamou o visitante. — Perdão, meu jovem. Então devo fazer o pedido para o senhor? Peço-lhe a permissão de dançar com a sua "noiva".

Caio ficou desconcertado, pois o conde era amigo do czar. Como dizer não em tal situação? Disfarçando o ciúme, acenou afirmativamente com a cabeça, concedendo a permissão para a dança.

Wladim e Natasha saíram a rodar pelo salão, ao som da valsa vienense que começava a tocar.

CAPÍTULO 9

A solidão e a igreja

A volta para casa não foi muito agradável. Wera, depois da festa, não se sentiu bem. Estava com febre, dor de cabeça e mal-estar no corpo inteiro.

Como em Moscou havia uma epidemia de gripe, com certeza havia adquirido e, ao retornar para São Petersburgo, estava realmente mal, não querendo nem ver as flores, que ainda estavam bonitas. Embora sendo final de primavera, não participou em nada na viagem.

Isso facilitou para Kolosk, que não precisou ficar conversando. Ele voltava com os pensamentos confusos e inquietos demais para manter conversação.

Natasha não saía de seu pensamento. Sentia até o perfume que ficara no lenço em que ela pusera a mão para dançar.

Kolosk sempre observava a paisagem, ao percorrer a estrada de Moscou a São Petersburgo, fosse a estação do ano em que estivessem. Achava, na primavera, as flores do campo as mais bonitas e mimosas do mundo. Caso a estação fosse o outono, aí então é que a nostalgia entrava em sua alma. O amarelo das folhas caía na imaginação. No verão, brincava com o sol adentrando pela janela de seu coche, parecendo um adolescente à espera de sua amada. Somente no inverno, quando a neve cobria os vales e montanhas, é que ficava entristecedor, embora visse a beleza na neve. O branco do gelo era para ele tal qual as nuvens no céu, com a diferença de que a neve ele podia tocar.

— Wladim, dê-me por favor um pouco de água, para que eu tome a minha pílula contra esta maldita gripe.

Kolosk serviu a mulher e continuou em seus pensamentos, sem ao menos perguntar pela saúde da esposa. Ela também nem percebeu, pois queria mesmo é estar quieta e dormir, para não sentir a estrada tediosa.

A tarde já estava caindo quando chegaram em casa e foram recebidos pelos criados e pelos filhos saudosos.

A casa, para Kolosk, estava fria e sem graça. Mal os cumprimentou e se dirigiu aos seus aposentos, para tomar um banho e se refazer da viagem.

Antes, pediu ao mordomo um cálice de licor e, com a bebida na mão, subiu e se isolou no quarto.

Wera foi logo atendida pelos filhos que, preocupados, pediam ajuda aos criados. Depois de colocarem a mãe na cama, foram chamar o pai para o jantar.

Kolosk não tinha fome, mas olhando os rostos dos filhos, percebeu que eles estavam querendo ficar junto ao pai, que estivera ausente. Sentou-se à mesa e conversou com todos, relatando um pouco do ocorrido na viagem.

Decorridos quinze dias da viagem a Moscou, Wera já estava restabelecida e a vida dos Kolosk continuava da mesma maneira de antes, com uma ressalva no comportamento do chefe da casa. Ele se tornara mais solitário, de pouco falar. Era gentil com todos e tratava Wera com o carinho de sempre.

Era sem dúvida um verdadeiro lorde, embora fosse conde.

— Wladim, estou notando que você está distante, meu bem. Algum problema o preocupa?

— Não, minha querida, nenhum. Fique tranquila, tudo está bem. Acho mesmo que os anos nos fazem mudar diariamente, deve ser isso o que se passa comigo.

— Pai, você nem notou o meu novo corte de cabelo — disse Clarisse, pegando em seus cabelos e mostrando ao pai que os tinha cortado.

— Você ficou linda, minha filha. Você é linda com qualquer cabelo. E você, meu filho, o que foi que eu não notei?

— Eu sou homem, não fiz nenhum corte diferente — falou Ivan, rindo da irmã.

Todos riram. Kolosk acariciou os filhos e pediu licença, se retirando para a biblioteca. Lá chegando, abriu as cortinas para ver o céu e acendeu um charuto. Ficou a divagar, olhando aquele céu sem lua, mas com todas as estrelas cintilando.

— Meu Deus, como posso ter me apaixonado por ela... Sendo tão nova e eu já estou entrando no inverno da vida... No entanto, não consigo esquecê-la, por mais que me entregue ao trabalho. Estou sempre com ela em meus pensamentos. Já lutei contra este sentimento, o Senhor bem sabe. Quantas vezes, estando com Wera na igreja, assistindo à missa, tenho a impressão de que vou encontrar Natasha? A igreja é o único lugar onde me sinto confortado. É como se ela estivesse sentada ao meu lado. Entrego-me ao silêncio e sei que, embora não esteja fazendo uma oração naquele momento, estou em verdade orando. É o amor que vibra em meu coração. Ajude-me, meu Deus.

São Petersburgo atravessava um verão forte, coisa que não era normal. Esse clima tirava a vontade de ir ao gabinete do palácio do czar, mas a obrigação estava em primeiro lugar e Kolosk era cumpridor de seus deveres.

As saídas com os amigos na livraria da praça, para as conversas e os *drinks* após o trabalho, tinham diminuído por parte de Kolosk, o que foi notado pelo amigo Lukev que, de certa forma, ficou desconfiado, imaginando se Kolosk não estaria se enamorando de alguém.

— Amigo Wladim... Acho que o cupido o flechou. — Lukev ria e batia nas costas do amigo. — Diga-me quem é a donzela e felizarda que vai tirar a "virgindade de marido fiel" do meu respeitado amigo?

— Pare com essa brincadeira, Lukev!

Kolosk disfarçou a situação constrangedora, porém não negou. O amigo, muito esperto, notou a seriedade e ficou quieto. Soube respeitar o caso, pois nunca vira Kolosk apaixonado, muito menos ser infiel à esposa Wera. Pensou consigo: — Alguma coisa muito séria está acontecendo com o meu amigo.

A manhã daquele domingo estava radiante com o sol de verão, e a família de Kolosk, às 7h30min, já estava tomando café.

— Vocês não irão conosco à missa? — perguntou o pai para os filhos, que estavam com roupas esportes e tudo indicava que iriam a algum piquenique.

— Não, papai. Recebemos um convite de um colega, o filho do senhor Grigoenv, para irmos ao sítio deles. Lá faremos um belo piquenique, somente nós, pois não queremos almoçar com os pais dele. Mas não se preocupem, vai ser muito bom.

— Ivan está certo papai, não precisam se preocupar. No final da tarde estaremos aqui. *Le soleil*[5] ainda estará clareando o dia.

— Nós confiamos em vocês — falou a mãe, consentindo com a ida deles.

— Está bem, aproveitem. Os Grigoenv são boas pessoas, mas comportem-se.

[5] O sol, em francês.

A igreja que os Kolosk frequentavam ficava a uns dois quilômetros de sua casa. Era a Igreja da Madona Santa. Não era grande, mas tinha o tamanho exato para receber muitos fiéis de famílias tradicionais, e era muito requisitada para cerimônias de casamentos, pois o pároco fazia discursos como ninguém. Depois do czar, era o mais conhecido em toda São Petersburgo.

Ao lado da igreja, construíra um orfanato, e arrecadava fundos para a instituição nas missas dos domingos, pois nos outros dias a coleta era fraca.

Aos domingos, os frequentadores eram os nobres católicos da região.

Na cidade havia diversos templos religiosos, igrejas católicas, ortodoxas e presbiterianas, mas a igreja da Madona Santa era a mais procurada pelos católicos.

Kolosk entrou com Wera e sentaram na terceira fileira. O púlpito estava ao lado deles e assim poderiam ouvir bem o sermão, joia preciosa na interpretação do padre Teodoro.

— Veja Wladim, do outro lado está Esmeralda com o seu novo marido...

— Wera, estamos na igreja para rezar e não para notar a presença dos outros fiéis.

Wera sentiu-se envergonhada, ficou calada a missa inteira e não se virou mais para lado nenhum.

Kolosk fechou os olhos e pediu a Deus bênção e forças para enfrentar os momentos difíceis pelos quais estava passando. Olhou para a esposa, que rezava o terço, e sentiu tristeza. "— Meu Deus, é minha mulher, mãe de meus filhos... Porque não a amo com todo este sentimento que invade o meu ser." — Neste momento surgiu em suas lembranças a figura de Natasha, rodopiando em seus braços.

— Meus irmãos, que Deus nos abençoe! Hoje falaremos do trecho do Evangelho de nosso senhor Jesus Cristo, sobre o poder da fé. Ouçamos esta parábola que nos diz:

"Chegando a Ele um homem que, posto de joelhos, dizia: Senhor, tem compaixão de meu filho que é lunático e padece muito, porque muitas vezes cai no fogo, e muitas na água. Tenho-o apresentado a teus discípulos e eles não puderam curá-lo. E respondendo, Jesus disse: Ó geração incrédula e perversa, até quando hei de estar convosco? Até quando vos hei de sofrer? Trazei-mo cá. E Jesus o abençoou e saiu dele o demônio, e desde aquela hora ficou o moço curado. Então, chegaram os discípulos a Jesus em particular e lhe disseram: Por que não pudemos nós lançá-lo fora? Jesus lhes disse: Por causa da vossa pouca fé. Porque na verdade vos digo que se tiverdes fé como um grão de mostarda, direis a este monte: Passa daqui acolá e ele há de passar, e nada será impossível."[6]

Kolosk ficou a refletir sobre a parábola que falava da fé, e ele sabia que tinha muita fé em Cristo. Na hora da comunhão, Wera e ele dirigiram-se ao altar e, ajoelhados, esperaram pela comunhão. Depois de receberem o sacramento, voltaram aos assentos em silêncio total. Kolosk oferecia a comunhão a Deus, para que perdoasse os seus pensamentos.

Na saída, Kolosk foi cumprimentado pelo senhor Pedro, pai do taberneiro da estrada.

— Bom-dia senhor Kolosk — Pedro estava sorridente, parado na porta da igreja.

— Bom-dia — respondeu Kolosk, admirado por encontrar ali o taberneiro.

— Lembra de mim? — Pedro se identificou. — Na taberna da estrada. A taberna do meu filho, no dia em que o senhor

---

[6] Mateus, XVII:14-20.

parou lá para que os cavalos pudessem beber água?

— Sim, é claro, lembro-me bem do senhor. Como vai senhor Pedro?

Wera viu uma amiga e foi conversar com ela, enquanto Kolosk falava com o senhor que ela não conhecia.

— O senhor veio à missa hoje? Nunca o vi em nossa igreja.

— Hoje e todos os dias estou aqui, senhor. Trabalho na parte interna da igreja das 7 às 16 horas. Hoje somente é que vim ajudar na missa, porque o meu colega não pôde vir. Está doente e o padre Teodoro pediu que eu o substituísse.

— Muito bem, então trabalha na casa de Deus, que privilégio — brincou Kolosk com o bom senhor, e se despediu, indo encontrar Wera, que conversava sem nada perceber.

— Nunca lhe vi tão compenetrado na igreja como hoje — Wera aproveitou o momento para falar, pois percebera o fervor do marido durante a missa.

— Sempre orei desse jeito. Você é que estava tão desligada observando as outras pessoas, que não se entregou com a devida fé à missa.

Na verdade sabia que Wera tinha razão. Ela notara a entrega total que ele fizera a Deus, o que ela não adivinhara é que, além da fé que o animava, naquele momento ele pedia perdão por seus pensamentos, algo que fez também com muita fé.

Kolosk continuou sua vida, tentando evitar os pensamentos que lhe vinham à mente sobre Natasha, entregando-se cada vez mais ao trabalho.

— Não me esperem para o jantar hoje. Haverá uma reunião na sede do balé imperial e preciso estar lá, como membro da diretoria que sou.

— Vai haver alguma mudança especial no balé?

— Não, Wera. Não deve ser isto, mas sei que estão com algum problema que querem levar à diretoria.

A noite já se fazia presente quando a reunião começou no teatro. A sala estava completa, com todos os que faziam parte da organização do balé.

— Senhores, abrindo a reunião desta noite, o assunto a ser tratado é delicado, pois envolve a deserção de um bailarino que fugiu ontem à noite para outro país.

— Mas isto não é a primeira vez — retrucou um dos senhores.

— Sim, claro que não, mas esse ao sair deixou uma carta para todo o elenco, falando mal do sistema do nosso governo e dizendo que todos deveriam ser livres para poder aceitar convites de outros países, e não ficarem como prisioneiros de uma única companhia.

— E as fronteiras? Não foram avisadas? — perguntou Kolosk, com certa preocupação.

— Sim, já estão todos avisados. Mas sabemos que nesta hora ele já deve estar bem longe.

— Avisaram-me que todos que por lá passaram foram revistados e tinham visto de saída. Somente a uma senhora que estava com doença contagiosa é que permitiram sair rapidamente, após ter mostrado a carta do médico do palácio.

Mais tarde souberam que o médico, doutor Klaus, não havia escrito carta para nenhuma senhora. Desta forma, o bailarino conseguiu fugir do país, indo para a América do Norte, o sonho de alguns bailarinos e da maioria dos imigrantes: "ganhar a América".

O regime que havia dentro da escola de bailados era muito severo: aulas intermináveis, ensaios cansativos, espetáculos quase que diariamente.

Um coreógrafo estressado e um diretor exigente, faziam do elenco um verdadeiro ninho de cobras, cada um querendo se sobressair mais do que o outro. Quem caísse nas graças do czar estava feito, tendo os melhores destaques.

Terminaram a reunião sem terem, de fato, solucionado como prender seus bailarinos e evitar que fugissem para outros países.

O balé de São Petersburgo era a joia do czar, o ponto alto da cultura artística da Rússia e todos da diretoria fariam tudo para preservá-lo assim para sempre.

Kolosk entrou na igreja naquele dia chuvoso e triste. Não tinha ninguém dentro do recinto, que era somente dele, naqueles instantes de solidão.

Ajoelhou-se e, com as mãos postas, rezou um Pai-Nosso com muito fervor.

Não pediu nada, somente orou. Depois, sentou-se e começou a olhar toda a igreja, seus santos, seus vitrais coloridos que, com a pouca luz do dia chuvoso, se faziam também tristes e sombrios.

Tão absorto em seus pensamentos sobre o ambiente, como se nunca tivesse estado lá, não notou que o senhor Pedro se aproximava dele, falando bem de mansinho, para não assustá-lo:

— Senhor Kolosk... O senhor está bem?

— Oh.... Desculpe-me, senhor Pedro, não percebi o senhor se aproximar. Como está?

— Eu estou bem, com as graças do Senhor, mas me parece que o amigo não está nada bem...

— Por que diz isso? Estou ótimo — respondeu Kolosk, meio constrangido.

— Observei-o desde o instante em que o senhor entrou aqui na igreja. Notei a sua tristeza e solidão. Desculpe intrometer-me em sua vida, mas sinto pelo senhor uma amizade que não sei de onde vem. Como diz meu irmão na Polônia, deve ser de outras vidas — disse isto sorrindo e achando graça.

— Eu agradeço a sua amizade, sinto também uma simpatia pelo senhor, como se fosse meu pai, embora não tenha tantos anos a mais do que eu.

— Tenho sim, vou fazer 68 anos no mês que vem, com a graça do bom Deus. Mas o que faz o amigo estar tão triste?

Kolosk não percebeu a catarse explodindo nele. Começou a falar como se estivesse em uma confissão. Talvez fosse o clima da igreja ou a confiança que o senhor Pedro lhe inspirava.

— Amo uma moça que poderia ser minha filha. Sinto saudade e luto para esquecê-la, porém não consigo, por mais que eu tente. Ela está presente nas vinte e quatro horas do meu dia. Sempre fui fiel à minha esposa e sempre dei muitos conselhos aos meus amigos, para não se envolverem em aventuras...

— Mas... é uma aventura? — perguntou Pedro, testando a situação.

— Não, nem sequer dei-lhe um beijo, somente dançamos uma única vez e foi o bastante para que não me saísse do pensamento.

— Na vida, meu caro amigo, acontecem fatos que somente Deus poderia nos explicar. O senhor percebeu que está amando e isso é muito bom para a vida, desde que não cometamos nenhuma besteira em nome do amor. Amar verdadeiramente é sentir saudade, é tentar cuidar para que nada aconteça de mal, é preservar a imagem sempre linda em nossos pensamentos, é sonhar, embora não se tenha garantia de que esse sonho venha a se realizar, enfim, é simplesmente amar, sem esperar nada do outro, sem forçar nada em troca.

Kolosk ouviu tudo com a atenção de um aluno diante de seu mestre, e pediu para ficar mais um pouco sozinho na igreja. Pedro prontamente atendeu e saiu, antes apertando as mãos do amigo e desejando que Deus o iluminasse em suas decisões.

Kolosk chorou baixinho, pois sentia o coração apertado e solitário. Pediu a Deus que o perdoasse, pois queria ter Natasha ao seu lado. Essa era a verdade e, naquele recinto sagrado, não poderia fingir não ser esse o sentimento existente.

Saiu mais reconfortado depois de ter se confessado, não com o padre, mas com o novo amigo que fizera. A alma estava limpa e esperançosa.

Agradeceu mais uma vez a Deus quando saía da igreja, e seguiu para o trabalho no palácio.

CAPÍTULO 10
A cobiça do convite

Natasha, desde aquela noite inesquecível, não tirava Kolosk da cabeça, tampouco esquecia o convite que ele fizera a ela para ir a São Petersburgo, e arquitetava uma maneira para que a viagem se realizasse.

Não era mais o balé imperial que motivava a tal viagem, mas Wladim Kolosk. Havia se enamorado do conde, como se ele fosse um jovem adolescente influenciando os seus sonhos.

Quantas vezes, deitada em seu quarto, Natasha se entregava às lembranças do baile no palácio do governo e revivia todas as sensações de estar nos braços de Kolosk.

— Deus meu, estou realmente apaixonada por ele. Sinto tanta saudade. Gostaria de estar com Kolosk, de beijá-lo... Como deve ser bom beijar alguém que se ama, diferente dos beijos que dei no Caio, sempre tão frios e sem emoções. Talvez fosse eu que não sentia essas emoções com Caio.

Com o passar dos dias, o relacionamento dela com o noivo tornava-se cada vez mais frio e distante. Natasha achava sempre uma desculpa para não se encontrar com o noivo, que também começava a notar a frieza por parte dela.

Naquele dia chuvoso de entrada do inverno, Anne foi entrando na biblioteca para tirar o pó dos móveis, e encontrou Natasha ensaiando uma coreografia para as aulas da escola de dança. Fez barulho ao deixar cair o espanador no chão, dando um susto em Natasha, que estava em um "releve"[7] e quase caiu, pois perdeu o equilíbrio.

— Anne! Já lhe falei que balé é concentração, e você tirou a minha. Quase caí.

— Desculpe-me, querida, mas foi bom encontrá-la, pois Caio está lá na sala de visita a sua espera, e sua mãe a procura para avisar da presença dele.

Natasha pegou a tolha e enxugou o rosto, vestiu o roupão de seda azul sobre a malha de balé e foi ao encontro do noivo.

Caio estava com uniforme da guarda do Palácio e, embora mostrasse muito nervosismo, estava muito bonito e elegante. Natasha, ao vê-lo, pensou:

"— Ele é tão bonito, jovem. Por que não o amo... por que quero Wladim?"

A voz de Caio tirou Natasha de seus pensamentos.

— Boa-tarde Natasha — cumprimentou friamente, beijando-lhe as mãos.

— Caio, o que o traz aqui a esta hora do dia? Vai viajar?

— Sim, vou viajar com a tropa para treinar longe daqui, mas o que me trouxe à sua casa não foi somente falar de minha ausência, mas sim de nossa relação que não está bem.

— Sente-se aqui, Caio. — Natasha convidou o noivo para sentar no divã macio e espaçoso existente na sala, o que Caio de pronto atendeu, sem esperar que Natasha sentasse primeiro como mandava a boa educação do cavalheiro.

O nervosismo era tão grande que fez Caio esquecer as formalidades, começando a falar quase sem dar tempo para a respiração.

[7] Passo de balé em que a bailarina se eleva, nas pontas dos pés.

— Sei bem que tem estado tão distante de mim, embora muitas vezes estivéssemos bem juntos.

— Caio, eu...

— Por favor, deixe-me falar. Sei bem que você nunca foi loucamente apaixonada por mim. Porém, desde a noite do baile no palácio é que vem se afastando cada dia mais. Está muito difícil de suportar. Eu pergunto: o que fiz para você deixar de gostar de mim?

— Caio, não é bem assim, escute-me...

— Como é, então? Diga-me... Como é estar noiva de um homem e não sentir prazer em sua companhia?

— Caio, gosto muito de você, tenho muita amizade e carinho, mas...

— Mas o quê, Natasha? Diga-me o quê?

— Não o amo suficientemente, como deveria amar.

— Por quem está apaixonada, diga-me? — Segurando a moça, apertava-lhe o braço, gritando com ela ao mesmo tempo. — Diga quem é ele?

— Você está me machucando.

Caio se conteve, olhou bem nos olhos da noiva e perguntou:

— Foi o conde, não foi?

— Não fale bobagens — disfarçou Natasha.

— Foi ele, não é? Sim, eu vi os seus olhos sobre ele naquela maldita noite.

— Caio, por favor, não fale assim de Wladim.

— Wladim! Você o chama pelo primeiro nome... Ele é um velho... É casado... Poderia ser seu pai!

— Mas não é!

Caio se levantou e alterando a voz falou.

— Rompo hoje o nosso compromisso. Não quero uma noiva que pensa em outro homem. Se é a ele que você quer, pois vá atrás e seja mais uma aventura. Homens da posição dele estão cheios de mulheres para trocar, como trocam de calças — saiu batendo as portas e deixando Natasha perplexa.

Era somente o vazio dentro dela, seus pensamentos parecia que tinham cessado, nada sentia. Somente aos poucos foi recuperando a razão e começou a chorar com a situação.

— Não queria que fosse assim. Embora soubesse que esta conversa estava prestes a acontecer, porque sinto essa sensação de paz invadindo todo o meu ser? Sou livre, livre para esperar por Wladim, não como uma aventura, não será assim comigo. Sinto que ele me ama... Sinto os seus pensamentos em torno de mim, como se fosse uma sintonia única. Foi melhor assim. Mais tarde comunicarei aos meus pais.

— Natasha, por que você fez isto, minha filha? Caio é um rapaz tão bom e de boa família — dizia a mãe, toda preocupada com o rompimento do noivado da filha.

Luther andava de um lado para o outro da sala, nervoso. Não se contendo, falou:

— Agora que eu esperava que você se casasse com Caio. A nossa situação não é das melhores aqui em Moscou, e você decide romper com o noivado... Reconcilie-se, pois será melhor para todos nós.

— Melhor para todos? Pai, é minha vida e eu não quero me casar com quem não amo.

— Amor? Amor vem com o tempo. Você é muito inconsequente, esta é a verdade — saiu derrubando a cadeira que estava à sua frente.

— Mãe, o que deu em papai?

— Não sei o que está acontecendo com o seu pai. Entendo o que a notícia do seu rompimento com Caio causou, mas ele não está nervoso só por sua causa, tenho certeza de que alguma coisa o perturba.

— Mãe, você que está estudando estes livros do senhor Kardec que titia manda de Paris, diga-me: é possível sentir a presença de outra pessoa junto a nós, durante o sono?

— Sim filha, "O livro dos Espíritos" explica isso. — Rina foi até uma gaveta que estava fechada a chave, retirou dela um exemplar, abriu e leu. — Aqui na pergunta 414 eles respondem: "De pessoas que conhecemos e de quem não conhecemos, o fato de ir ver, durante o sono, os amigos, os parentes, os conhecidos, as pessoas que nos podem ser úteis, é tão frequente que o fazeis quase que todas as noites."

— Então mãe, ele vem me visitar todas as noites!

— Ele quem?

— Kolosk, mãe. Wladim Kolosk.

— Filha, o conde é casado... Por Deus, não se envolva com ele. Será a sua desgraça.

— Como pode dizer tal coisa, você que prega que o amor é tudo na vida, como pode achar que o amor sublime de almas nos traga desgraça? Seus livros falam isto?

— Não, meus livros ensinam que devemos ter o bom senso de entender as coisas que atravessam a nossa vida. Você sempre foi romântica e sonhadora, talvez esteja impressionada com Kolosk e toda a pompa daquela noite. Procure esquecer tudo isso, minha filha. Eu compreendo que não queira casar com Caio. Se não o ama realmente, não deve mesmo, pois isso foi para a minha geração. Mas esqueça Kolosk, minha filha.

— Mãe, começo a entender o seu novo estudo e acho que começo a aceitar a reencarnação. Com certeza já vivi com ele em outras vidas.

— Não é impossível. O livro diz que a reencarnação é a porta bendita para a nossa evolução, e que devemos, em cada vida, viver aprendendo a nos reconciliar com o nosso próximo, a perdoar, a conviver em paz. Mas é muito cedo para você ou eu entendermos essas leis.

— Mas um amor assim não vem do nada. Naquele baile eu não o conheci, eu o reencontrei. Era como se estivéssemos separados por um longo tempo.

— Filha, existem muitas coisas que são difíceis de entender, mas vou orar a Deus para que Ele clareie os seus pensamentos. Procure nas orações se fortalecer com o bom Deus.

Mãe e filha se abraçaram e choraram pela situação que Natasha estava vivendo.

CAPITULO 11

O desespero da família Staliwisk | 1896

Luther andava cada dia mais agitado. Servey aparecia a todo instante em sua loja e o atormentava com recados da Polônia.

Aquele inverno estava forte e rajadas de vento, acompanhadas pela neve que caía, causavam muitos danos à população. O camponês era prejudicado e as famílias pobres eram as que mais sentiam na pele. O frio era tanto que cortava o rosto das pessoas que precisavam andar pelas ruas.

Terminara o dia e Luther vestia o casaco de grossa lã, se preparando para ir para casa, quando Servey o procurou. Embora o frio deixasse os rostos dos russos vermelhos, Servey estava branco como a neve que caía lá fora. Vendo o conhecido, Luther puxou-o para dentro rapidamente, com medo que alguém os visse.

— Vamos homem, entre logo. Ou quer que nos vejam juntos?

Servey entrou, tremendo e assustado, e foi logo falando o motivo de sua ida até Luther.

— Meu camarada, trate de fugir o mais depressa possível!

Luther caiu sentado no degrau da escada da loja, ao ouvir a ameaça de Servey. Sabia do que ele estava falando.

— Você sabe alguma coisa sobre ele?

— Sim, chegou um conterrâneo, disse que ele descobriu

os nossos endereços e que virá atrás de nós.

— E agora Servey, o que faremos? E minha família... o que faremos?

— Não sei. Eu não tenho família. Tomarei o trem que sai na quarta-feira para fora do país... Qualquer destino me servirá.

— Igor Gulost... preso há quase 20 anos, agora está solto...

— Preso por um crime que não cometeu sozinho.

— Mas foi ele que planejou tudo, foi o cabeça de todo o plano e nos colocou nesta encrenca toda — falou Luther.

— Sim, mas nós aceitamos participar da trama toda e depois o abandonamos. Ainda mais: forjamos as testemunhas, deixando toda a culpa em cima dele.

— Ele falsificou a assinatura do primo morto e ficou com o dinheiro e a herança do falecido.

— Nem tudo. Eu fiquei com o dinheiro e você com as duas casas na Polônia, e tudo pertencia a ele.

— A ele não, ao primo que ele próprio envenenou.

— E nós compartilhamos de tudo, apoiando o plano e forjando os papéis nos cartórios — retrucou Servey.

— Só que no final, ele queria pôr a culpa em cima de nós. Apenas fomos mais espertos do que ele e preparamos as testemunhas, que levaram dinheiro em troca de acusá-lo da morte do primo. Quanto a nós, ele não tinha prova nenhuma. A casa na qual ocorreu a morte era dele, todos sabiam que era ambicioso e que detestava o primo, tendo diversas brigas com ele nos bares dos arredores da cidade, presenciadas por muitos e principalmente pelos vizinhos.

— Mas agora ele quer tudo o que lhe pertence de volta, e diz que não tem nada mais a perder nesta vida.

— Sozinho ele não fará nada.

— Não está sozinho. Na prisão fez amizade com outros bandidos e se juntou à quadrilha deles. Virão atrás de nós!

— Vá embora Servey, e trate de fugir. Quanto a mim, irei também, assim que puder.

— Mãe, já faz um ano que conheci Wladim e não consigo esquecê-lo.

— Você nem se alimenta direito, filha. Vai ficar doente. Por favor, distraia-se, saia com suas colegas do balé, esqueça essa paixão.

— Não é paixão, é amor e eu quero ir ao encontro dele.

— Não seja louca, vai matar o seu pai de desgosto. Não deixarei você ir, é loucura.

— Meu pai... Ele nem liga para mim, vive tão solitário e ultimamente se fecha no escritório. Nem a senhora ele deixa entrar, não fala com ninguém. Mãe, como você pode aguentar isto?

— Eu sou a mulher dele, sei que não temos muitas afinidades, somos diferentes no modo de pensar e de ver a vida, mas ele é um bom chefe de família e precisa de minha ajuda. Eu sinto que precisa.

— Que ajuda?

— Noutro dia, dormindo e, com certeza, tendo um pesadelo, ele gritava:

"Vá embora. Não fui eu que lhe dei de beber, foi o seu primo. Não o quero ver mais... Você não existe. Vai embora e não apareça mais."

— De quem ele estava falando, mãe?

— Não sei filha, mas naquela mesma manhã fui pesquisar no livro de Kardec que sua tia me enviou, para ver se achava uma explicação para entender o sonho de Luther. Compreendi que os espíritos que são nossos inimigos vêm nos cobrar o que deixamos de cumprir de bom para com eles. Até que peçamos perdão ou que perdoemos, ou enquanto não tiverem um melhor entendimento, a realidade é que não nos deixam em paz. Assim é, minha filha, que devemos sempre procurar cooperar com as outras pessoas fraternalmente. Infelizmente, o orgulho e a vaidade nos fazem cair em desequilíbrio e esquecemos o amor ao próximo, como Jesus sempre ensinou.

— Papai fez alguma coisa ruim para alguém?

— Eu creio que não, porém não tenho certeza de nada. Não sei... A verdade é que certo dia tivemos que sair às pressas e viemos para a Rússia. Tínhamos acabado de ganhar duas casas de herança dos avós de Luther, que nem ele mesmo sabia que tinha direito, e acabamos por vendê-las muito rápido, saindo sem que ele me desse alguma explicação do motivo, por mais que eu perguntasse. Sei como ele é, e nunca mais toquei no assunto. Os homens são assim, não querem que nós, mulheres, nos preocupemos com seus negócios. Mais tarde, ele disse que saímos da Polônia por motivos políticos.

— E os pesadelos, continuam?

— Quase sempre... Somente acalmam quando eu rezo e leio o evangelho de Jesus, pedindo a Deus por ele. Aí ele adormece, mesmo sem perceber a minha intercessão.

— Mãe, você realmente se converteu a esta nova filosofia. Porém, eu lhe pergunto: e a nossa igreja?

— A igreja será sempre a nossa casa. Lá eu vou e faço as minhas orações, mas nem tudo ela nos explica, e eu procuro saber mais. Quero saber mais.

— Mãe, você vai sempre rezar por mim?

— Filha, com certeza, vamos envelhecer juntas — Natasha abraçou a mãe, comovida.

Naquela noite, Luther não dormiu. Fumou a noite toda dentro da biblioteca e não falou com ninguém da casa.

Natasha tentou aproximar-se do pai e ele a expulsou de perto. A mãe logo interveio, dizendo:

— Vá para o seu quarto, minha filha. Deixe o seu pai sozinho. É melhor.

Rina recolheu-se em orações e rogou a Deus por seu marido. Pediu também por sua filha, para que ela fosse feliz. Sentiu como se fosse envolvida por muitas luzes, e orou em paz.

CAPÍTULO 12

Fugindo para São Petersburgo

O coche de viagem era pequeno, cabendo somente seis passageiros e não deixando as pessoas confortavelmente sentadas. Todos tinham que se manter bem retos, chegando quase a adormecer as pernas. Os passageiros faziam pequenos movimentos, para isso não acontecer com frequência.

Natasha estava preocupada com a mãe: — Meu Deus, será que fiz o certo? Deus reconforte minha mãe. Mas, se eu não fugisse, ela não me deixaria vir. E Wladim? Será que ainda me ama? E a academia... Como será... E as pessoas, será que me receberão bem?

A viagem era longa e, como estava sentada perto da janela, encostou a cabeça numa pequena almofada que levara consigo e adormeceu.

Enquanto isso, no lar de Natasha em Moscou, a cena era de desespero.

— Pare de chorar mulher! E você também, Anne. Chega de choro nesta casa por causa de Natasha. Ela quis ir embora, pois bem, acho até que foi bom!

As duas senhoras se olharam, decepcionadas ao ouvir essa frase do próprio pai, e saíram da sala aos prantos, deixando Luther sozinho a pensar:

— Melhor assim, Natasha já é adulta e, se gostar da dança de verdade, que encontre no balé imperial um lugar para ela.

Depois, quem sabe se lá não encontra um bom partido para casar e um dia nos encontramos de novo. Agora, o que eu preciso fazer é tomar as devidas providências para deixarmos a Rússia.

— Anne, você viu? Ele nem ligou para a partida de Natasha.

— Dona Rina, Natasha foi atrás de seu destino, seja o balé ou o amor. Deus haverá de abençoá-la. Com tantas orações que fazemos, duvido que não dê certo a sua ida para lá.

Anne foi até a cozinha, preparou uma chávena de tília e deu à Rina que, após tomar o chá, recolheu-se aos seus aposentos e foi orar.

A última parada foi na taberna de Nicolai. Quem atendeu os viajantes foi Ludmila, a esposa. Natasha pediu para ir ao lavatório e Ludmila indicou-lhe o caminho.

Quando estava se dirigindo ao lavatório, Natasha encontrou o senhor Pedro, que varria o chão. Ao ver a jovem passageira, parou e a cumprimentou.

— Bom-dia senhorita. Muito frio, não é mesmo?

— Muito frio mesmo — respondeu Natasha, seguindo para o lavatório.

O coche continuou a viagem e, dentro de uma hora, estariam adentrando São Petersburgo. O coração de Natasha batia descompassado. O medo atormentava-lhe o espírito. Não sabia a quem deveria procurar e tampouco onde ficava a escola do balé imperial. Conhecia a fama das estrelas do balé e sabia que, se em Moscou já era difícil ter um destaque, em São Petersburgo nem conseguia imaginar.

Lembrou o que Kolosk lhe dissera na noite do baile: que era membro da diretoria do balé. Mas não pediria nada. Dele, queria somente o amor.

Assim foi todo o final da viagem, com os pensamentos fervilhando em sua cabecinha.

Era noitinha quando o coche chegou. Natasha ficou deslumbrada com a cidade. A neve caía brandamente e o frio era cortante, porém com todo esse clima acolhendo a jovem, ela se apaixonou por São Petersburgo à primeira vista.

O coche parou na frente de uma hospedaria e o cocheiro veio retirar a bagagem. Natasha perguntou-lhe:

— Senhor, essa hospedaria é muito cara?

— Não senhorita, pode ficar aqui sem medo. O pessoal é muito bom.

— Obrigada. Ficarei aqui até encontrar os meus conhecidos.

A hospedaria nada tinha de luxo, mas tudo era arrumado com muito bom gosto e limpeza. Depois de registrar a nova hóspede, as malas foram levadas para o quarto pelo próprio dono do lugar, que logo passou a ela todos os horários da casa:

— Senhorita, o café da manhã é servido até as oito horas. Não temos almoço e o jantar é das 18h30min às 19h30min. Não permitimos visitas nos quartos. Está tudo bem, senhorita?

— Sim, senhor, está tudo bem, obrigada.

Quando ele foi sair, ela perguntou:

— Senhor pode me dizer se a sede do balé imperial fica longe daqui?

— Uns dez quarteirões, mas existem coches que levam até lá. A senhorita é bailarina?

— Sim, vim da academia de Moscou.

— Oh, muito bom. O balé é muito lindo. Bem, até o jantar, senhorita Natasha.

— Senhor, não quero jantar. A viagem me enjoou um pouco. Pode me servir uma xícara de chá?

— Não costumamos servir nos quartos, mas como a

senhorita está sozinha e sinto que está muito preocupada, mandarei servir-lhe o chá. Assim, poderá descansar tranquilamente.

— Obrigada, meu senhor.

Natasha não dormiu muito bem. Acordava a todo instante sobressaltada, ora sonhava com a mãe, ora com o pai, intercalando com Kolosk, que no sonho dizia que não a amava mais.

Rolou pelo colchão a noite inteira e, quando o dia raiou, já estava em pé se arrumando para o café matinal.

Sempre foi acostumada a ter toda mordomia em sua casa. Distante dos pais, sentia-se perdida e confusa, mas fora ela mesma que escolhera esse caminho.

Teria que encarar tudo. Foram estes os seus pensamentos logo pela manhã de seu primeiro dia na nova cidade.

Seguindo o trajeto que lhe fora indicado, chegou na sede do balé. Natasha tremia muito ao dirigir-se ao encarregado da portaria.

— Senhor, pode informar com quem devo falar para entrar para o corpo de baile?

O homem olhou-a da cabeça aos pés, o que a deixou mais nervosa ainda, e disse:

— Siga em frente e depois vire à esquerda. Vai sair na sala da professora Tâmara, que vai atendê-la e falar sobre o que você quer saber.

— Obrigada. — E, em passos largos, caminhou rapidamente até chegar na sala indicada. A porta estava fechada. Pensou em voltar correndo, sem esperar para ser recebida, mas, quando estava virando para sair, a porta se abriu e não teve como fugir.

— Pois não, senhorita? O que deseja? — perguntou um professor, sem nenhuma cortesia e pouca simpatia.

— Bem... Com licença, vim da academia de Moscou e gostaria de fazer parte do balé imperial.

— Como, gostaria? Já fez algum teste?

— Não, senhor, cheguei ontem.

— Então preencha esta ficha e depois pode ir se preparar com as roupas de balé. Você teve sorte. Daqui a pouco teremos uma banca de jurados para avaliar novas candidatas. Ande rápido. Está quase na hora e, se chegar atrasada, não entrará.

Natasha, impulsionada pela voz de comando do professor, correu e, quando se deu conta, estava entre as dez candidatas e na frente de cinco jurados poucos simpáticos. Ela pensou consigo: — Novamente esse terror de avaliação.

A banca pedia tantos passos para as jovens bailarinas, que mais pareciam militares ante um batalhão de guerra.

Algumas saíram chorando e deixando os jurados indignados, antes de terminar o teste. Depois de quase duas horas de tormenta, foram escolhidas as seis moças que ocupariam lugar no corpo do baile. Natasha não estava entre elas.

Os jurados não deixavam ninguém falar. Após terem chegado ao resultado, simplesmente diziam:

— As de número 2, 3, 5, 7, 9 e 10 foram escolhidas. As demais estão dispensadas.

Natasha era número 11 e nem olharam para ela. As vitoriosas se abraçavam radiantes, enquanto as outras foram saindo, cabisbaixas e desiludidas.

A última a sair foi Natasha, que mais uma vez se decepcionara com tantas tentativas para a dança. No corredor ouvia os comentários maldosos das dispensadas:

— Tem que se conhecer alguém no palácio do czar, caso contrário não se entra aqui nunca.

Nervosa, Natasha pensava: — E agora? Sozinha e nem mesmo entrei para a escola de dança. Como sobreviver em

São Petersburgo? Queria ver Kolosk, mas queria encontrá-lo já vitoriosa, para mostrar-lhe que eu podia conseguir através do meu talento... Mas nem isso deu certo.

E continuava a maldizer: — São todos uns miseráveis esses professores e diretores de balé. Não possuem sensibilidade alguma, acham que são deuses. Vou me vingar e, quando estiver aí, darei o troco. Esperem que vou voltar. Não queria pedir a Kolosk, mas não tenho outra alternativa.

No terceiro dia de sua chegada, Natasha não aguentou mais e saiu para tentar encontrar Kolosk. Decidiu ir ao gabinete do palácio, pois não sabia o endereço da sua casa.

Ao chegar ao endereço que Kolosk lhe dera, foi atendida pela secretária do gabinete, que gentilmente pediu-lhe que esperasse sentada, enquanto iria ver se o encontrava.

Suas pernas tremiam e, mesmo estando sentada, não conseguia controlá-las. O frio que sentia era demasiado, embora estivesse bem protegida com o seu lindo vestido de veludo cor vinho e seu gorro de pele de ovelha, cobrindo parte da cabeça. Suas mãos dentro de seu regalo de pele,[8] combinando com o casaco, não lhe aqueciam o corpo e tampouco o coração que, batendo apressado, quase que saía pela boca.

— Natasha! — Kolosk apareceu tão de repente que ela se levantou assustada com o som da voz dele. Ele pegou-lhe as mãos e, beijando-as, disse: — Você veio, que bom! Mas, onde vocês estão?

— Eu estou na hospedaria Primavera, não muito perto daqui.

— Como assim? Você veio sozinha?

— Sim, vim sozinha. E estou perdida nesta cidade linda.

[8] Protetor de inverno para as mãos, feito de pele de astracã e revestido por dentro de cetim. Usado pelos aristocratas ou pessoas ricas.

— Minha querida, não está mais sozinha. Será nossa hóspede. Dê-me seu endereço e irei buscá-la mais tarde, para levá-la à minha casa.

Natasha estava nas nuvens. Ele a queria em sua casa e ela estaria bem perto dele.

CAPÍTULO 13

Hora e vez de Kolosk

Durante aquelas seis horas em que Natasha esperou por Kolosk, ela não conseguiu comer nada. Tentou ler um livro e também não conseguiu. Tampouco conseguia ficar sentada.

A ansiedade era total para a moça. Os pensamentos se misturavam em sua mente e ela criava mil situações, nenhuma favorável. Pensava: — Será que a mulher dele vai aceitar-me? Mas ele é o dono da casa, e ela não poderá fazer nada contra a sua vontade. E seus filhos? Será que são gentis?

Natasha começou a ter dores no estômago, por estar vazio, e piorou ainda mais a parte gástrica, causada por tanta ansiedade na espera por Kolosk.

— Meu Deus! Estarei perto dele... Será que vou conseguir ficar controlada e não me atirar em seus braços? Como será difícil suportar-lhe a presença e não poder tocá-lo, sentir seus abraços, suas mãos... Acho que vou explodir de tanto amor por esse homem. Minha mãe deve estar certa quando fala que nascemos diversas vezes. Não sei bem se acredito nisto, mas acho que somente essa ideia pode explicar o amor que sinto por ele.

Natasha vestiu outro casaco e continuou pensando: — Nunca sonhei com casamento e com um marido jovem. Mesmo quando era noiva de Caio, nunca consegui me imaginar casada com ele. Parecia até que eu já sabia que Kolosk chegaria em minha vida. Guardava-me para ele, sem mesmo saber se o encontraria.

A neve caía lentamente e batia na janela, deixando os flocos brancos grudados, impedindo Natasha de ter uma clara visão da rua e fazendo com que ela abrisse a janela a cada instante, olhando para ver se Kolosk chegara.

Olhou rapidamente e fechou a janela em seguida, pois o frio era intenso.

— Talvez Kolosk nem me ame. Quem sabe ele me queira como uma filha.... Talvez eu fique criando e imaginando este amor que só existe dentro de mim. A verdade é que gostaria de ser amada por ele... Meu Deus, ajude-me.

Natasha deitou na cama, mas a sensação foi de desconforto. Levantou logo e começou a andar pelo quarto. Neste instante, bateram na porta do quarto e ela correu para abrir, ofegante. Era o camareiro:

— Senhorita Natasha, está lá embaixo o senhor Kolosk, que veio buscá-la.

— Obrigada. Por favor, pode pegar as minhas malas?

O rapaz de pronto atendeu a moça, erguendo nos braços as duas malas. Desceu a escada até a portaria e dirigiu-se para o coche do visitante.

Natasha respirou fundo, olhou no espelho para ter certeza de que estava bem. Fez o sinal da cruz, como que pedindo ajuda aos céus. Tentou manter um sorriso nos lábios, disfarçando o nervosismo, e desceu.

Kolosk, muito elegante em seu sobretudo preto e segurando nas mãos a cartola e as luvas, estava em pé esperando. Quando a viu chegar, ficou extasiado com a presença da moça e dirigiu-se ao pé da escada. Deu-lhe a mão, amparando-a no último degrau que iria pisar.

— Olá minha querida, vamos.

— Senhor Kolosk, obrigada pela gentileza. Espere um

momento, vou pagar o que ainda devo ao hospedeiro.

Neste instante, o dono do hotel se adiantou e falou:

— Senhorita Natasha, está tudo acertado pelo senhor Kolosk. Obrigado, felicidade para a senhorita e sorte na academia de dança.

Os dois saíram. Kolosk, segurando Natasha pelo braço, a conduzia para dentro do coche, que aguardava por eles na porta da hospedaria.

O percurso foi rápido, mal dando para trocarem algumas palavras. Falaram apenas do inverno intenso que caía na Rússia.

Sem perceber o tempo, chegaram à casa de Kolosk. O coche parou e, descendo, o cocheiro abriu a portinhola para o patrão descer. Em seguida, Kolosk estendeu a mão, amparando a moça.

A suntuosidade da mansão fez Natasha gelar mais ainda. No limiar da porta, surgiu o mordomo, que veio prestativo e gentil receber os dois e pegar as malas da moça.

— Boa-noite Sergei. Esta é a senhorita Natasha Staliwisk.

— Boa-noite senhorita. Seja bem-vinda.

— Wera... Crianças, onde estão vocês?

Kolosk chamava a família para receber a hóspede, enquanto tirava o sobretudo e a cartola, entregando ao fiel mordomo.

Wera surgiu e, depois, os filhos. Todos se surpreenderam com a presença da moça.

— Natasha, eis a minha família. Wera, minha esposa, que você conheceu em Moscou na noite do baile, e meus filhos, Clarisse e Ivan.

Os três estenderam as mãos para a recém-chegada, e Kolosk prosseguiu:

— Wera, querida. Convidei Natasha para ficar aqui em

nossa casa. Ela veio de Moscou para tentar a escola de bailados. Estava sozinha em uma hospedaria e não fica bem para uma moça ficar sem a família em um lugar desconhecido.

Wera não mostrou satisfação com a chegada da moça. Porém, como boa anfitriã, disse:

— Muito bem, Natasha a nossa casa é sua. — E, virando para Kolosk, falou:

— Wladim, minha prima Gertrudes está no quarto de hóspedes.

Kolosk respondeu de imediato:

— Coloque a senhorita Natasha nos aposentos de meus hóspedes, em meu andar.

O mordomo levou as malas e conduziu Natasha ao segundo andar da casa. Por onde passavam, ela observava tudo e prestava atenção a quanto aquela família era importante.

— Este andar é da senhora Wera e de seus filhos. Aqui fica o quarto dos hóspedes da família ou dos parentes da senhora Wera. — Subiram ao último andar e o mordomo comentou: — Este andar é a ala do senhor Kolosk. Este aposento é destinado somente aos amigos do patrão ou colegas de trabalho, ligados ao czar.

O corredor era comprido e todo emoldurado por belíssimos quadros de pintores famosos. Em tudo se via o bom gosto da família ao decorar a residência.

No meio do corredor, havia um tapete vermelho, demonstrando a boa qualidade do material. Dois aparadores de mármore, encostados na parede, sustentavam espelhos de puro cristal e luzes clareavam todo o ambiente com muito requinte.

Sergei abriu a porta do quarto e Natasha quase desmaiou. Era quatro vezes maior que o quarto do hotel em que ela estava, que não era pequeno.

Uma cama de casal ampla, bem arrumada com colcha de veludo verde e almofadas de cor creme. Duas enormes janelas com cortinas brancas e transparentes, adornadas por um xale verde sobre elas, fazendo um bonito *composé*.[9]

A sala de banho tinha todos os pertences para uma boa higiene, inclusive perfumes franceses. Natasha observava tudo e nem percebeu quando Sergei saiu, só dando conta ao ouvir o barulho leve da porta se fechando.

Depois de banhar-se, deitou na cama para relaxar e percebeu o quanto era grande e macia. Adormeceu de tanto cansaço e ansiedade que passara naquele dia, enquanto esperava por Kolosk.

Os criados foram chamá-la, pois o jantar já estava sendo servido. Ela, porém, não desceu, pedindo desculpas e ficando em seu quarto, pois o cansaço ainda não havia passado.

Os Kolosk aceitaram as desculpas e jantaram com a prima Gertrudes, pessoa muita faladeira e, na maior parte das vezes, inconveniente.

— Esquisito os pais deixarem-na viajar sozinha para um lugar desconhecido — falou maldosamente Gertrudes.

— Gertrudes, nem todas as famílias pensam ou educam seus filhos como nós — falou Wera, querendo mostrar que também não estava de acordo com aquela situação.

— Que é esquisito, é... — Gertrudes, quando acabou de falar, olhou para Kolosk, como se visse nele alguma cumplicidade naquela situação.

Kolosk percebeu a ironia da prima da mulher e respondeu, firmemente:

— A vida deles não nos diz respeito e quero que Natasha

---

[9] Combinação de cores.

seja bem recebida aqui em nossa casa. Conheci a família dela em Moscou e vou ajudá-la a entrar no balé imperial.

Os filhos sentiram ciúmes, mas ficaram quietos, como os demais.

Duas semanas haviam passado, desde que Natasha chegara à casa dos Kolosk. Todos apreciavam a presença dela, sempre alegre e comunicativa, menos Wera e Gertrudes, que decidira ficar mais alguns dias na casa da prima. Ambas disfarçavam bem a antipatia que a moça lhes causava.

Naquela noite, após o jantar, Natasha pediu licença e falou:

— Senhor Kolosk, podemos ir à biblioteca? Gostaria de falar-lhe sobre o balé.

— Pois não, minha cara Natasha. Vamos para a biblioteca. — Levantou-se e deu passagem para a moça. Ambos se retiraram da sala de jantar, pedindo licença a todos. Porém, ninguém gostou da saída deles. Não entenderam o porquê da conversa em particular, principalmente a prima Gertrudes, que em tudo via maldade.

A biblioteca era o lugar preferido por Kolosk. Era lá que ele se fechava em solidão, com os seus pensamentos. Os móveis pesados e clássicos e a enorme quantidade de livros, davam o requinte especial, indicando o nível de cultura que o dono possuía. Kolosk convidou Natasha para sentar em uma das poltronas, ao lado dele.

— Sou todo ouvidos, minha querida — falou, tocando com uma leve batida em uma das mãos da moça.

— Senhor Kolosk, desculpe por não ter contado antes, pois tive vergonha que soubesse que não fui aceita para o corpo de baile do teatro. Sei que tenho talento, mas os professores de lá não foram simpáticos comigo e não me aceitaram. Colocaram bailarinas que sabiam menos do que eu.

Natasha foi maldosa, conscientemente. Não teve pena deles, pois estava começando sua vingança.

— É isto que você de fato quer? Sabe que não é fácil a vida que eles levam. Ensaios longos e cansativos, apresentações quase que diárias, coreógrafos estressados e exigentes.

Natasha pegou nas mãos dele e, como que suplicasse, disse-lhe:

— Sim, é isso que eu mais quero na vida, ser uma grande bailarina.

Kolosk passou a mão pelo rosto da moça e, delica-damente, falou:

— Você estará na companhia, pode ter certeza disto! — Deu-lhe um beijo na testa. Naquele instante os olhos da moça marejaram de emoção e de tanta ternura por ele. Levantando, agradeceu e saiu quase que correndo para o seu quarto.

Kolosk ficou a pensar, mas somente vinha a sua mente a sensação gostosa do carinho que fizera no rosto da moça.

— Meu Deus, como a amo. O que fazer com este sentimento?

Naquela mesma semana, Natasha foi aceita no balé imperial. Entrou como participante do corpo de baile. Todos perceberam que Kolosk a pusera na companhia, porém ela não dava ouvidos ao falatório. Estava radiante por estar lá dentro.

Todas as manhãs era pontual e se dedicava aos ensaios, ficando com enormes hematomas, mas não se importava com a dor. Após os ensaios de que fazia parte, ficava assistindo aos grandes bailarinos, com a esperança de um dia estar no meio deles.

Existia uma bailarina chamada Macarovich, que também estava chegando naquela época, só que recebendo o primeiro lugar dentro da companhia, devido ao grande talento e beleza física que possuía. Era perfeita, prometendo ser uma grande diva do balé. Ela e o noivo foram contratados na mesma ocasião.

Natasha ficou encantada com a técnica da moça e, no fundo, morria de inveja da bailarina, por possuir tanto talento e precisão.

Macarovich, por sua vez, não tinha simpatia por Natasha e, sabendo do boato de que a entrada dela fora pelas mãos de Kolosk, sentia desprezo pela novata, ao contrário de Natasha, que escondia seu ciúme e tentava conquistar a "primeira bailarina" estando perto dela, para poder ser notada pelos grandes coreógrafos.

— Como você dança bem — falou Natasha para Macarovich. — A sua técnica é inigualável.

— E você fica vigiando a gente o tempo inteiro, não é mesmo — falou ironicamente Macarovich. — Espero que você aproveite o padrinho que tem — e saiu batendo a porta da sala de aula.

Natasha ficou pasma com a agressividade da bailarina. Seu rosto estava vermelho de raiva.

— Como ela pode me humilhar assim?

Saiu do teatro e foi para casa chorando, só parou quando avistou o jardineiro vindo em sua direção, para abrir o portão da casa dos Kolosk. Entrou direto para o seu quarto e chorou muito de raiva e de humilhação.

— Por que não sou igual a ela? — Neste instante, lembrou de sua mãe lhe falando: "— Deus dá a todos oportunidades iguais, assim não devemos ser egoístas. No livro do senhor Kardec, em relação às leis do progresso, vemos que o maior obstáculo ao próprio progresso é o nosso orgulho e a nossa vaidade."

— Como não ser egoísta com pessoas como essa Macarovich?

— Enxugou as lágrimas e foi para o banho. Quando desceu para o jantar, não demonstrava nada do que se passara com ela.

Mas ficara muito sensível com tudo o que acontecera e seus olhos marejavam com muita facilidade, diante de cada gentileza que Kolosk tinha com a sua família. Sentia ciúme e carência daquele amor que tão longe estava, embora tão perto.

— Natasha, toque piano para nós — falou Clarisse, que gostava de ouvir Natasha tocar.

— É muito bom ouvi-la. Toque, Natasha — Ivan reforçava o pedido da irmã.

— Ora, ora, então meus filhos são apreciadores dos dons musicais de nossa hóspede. Muito bem, então vamos ouvir Natasha Staliwisk.

Natasha, ao comando da voz de Kolosk, tocou o noturno de Chopin com muito sentimento. Naquele instante ela tocava para o seu amado, unicamente.

Quando terminou e todos aplaudiram, ela agradeceu e subiu para o quarto. Antes, porém, olhou nos olhos de Kolosk, fazendo-o gelar por dentro de tanta emoção e desejo.

A noite corria alta e Natasha não conseguia conciliar o sono. Havia esquecido todo o acontecido na escola de dança. Somente Kolosk estava em seus pensamentos.

Entre uma virada e outra na cama, dentre as muitas que já havia dado naquela noite, ouviu batidas na porta de seu quarto. As batidas eram fracas, porém persistentes. Resolveu levantar e ver quem batia. Vestiu o robe de seda e, chegando perto da porta, perguntou:

— Quem é?

— Natasha, sou eu — era a voz de Kolosk. — Se não quiser, não abra.

Neste instante ela foi tomada por um surto de amor, alegria, prazer e medo. Mesmo assim, abriu a porta repen-tinamente, vendo Kolosk com o rosto repleto de felicidade, parecendo o de uma criança à vista de um doce preferido ou de um brinquedo novo.

— Se você quiser, eu não entro — falou Kolosk, com carinho e um olhar apaixonado.

— Eu quero, entre. Eu o espero há muito tempo.

Kolosk fechou a porta atrás de si, olhou Natasha inteira, tirou-lhe o robe que cobria a camisola, acariciou os cabelos dela, beijando o seu rosto, e sussurrou:

— Minha querida, minha amada, tudo fiz para esquecê-la, mas tudo foi em vão. Quero-lhe acima de tudo, amo-a e esta noite será minha.

Acabando de falar, ele a envolveu em seus braços e não teve nenhuma resistência por parte dela. Beijou-a ardentemente, com todo o desejo que havia dentro dele, repleto de sentimentos, os mais puros que reservara para ela.

Natasha chorava baixinho de tanta felicidade, e se entregou por inteiro ao único amor de sua vida, deixando-se ser levada pelos braços de Kolosk para o leito. Deitaram-se para a longa noite de amor.

— Wladim, eu o amo.

— Eu sei, minha querida. Desde aquele baile no palácio em Moscou.

— Não, acho que já o amava, mesmo antes de conhecê-lo.

Ele apertou seu corpo contra o dela, e tudo cessou em sua mente.

Passadas algumas horas, Kolosk observava Natasha dormir e cobriu de beijos todo o seu corpo, fazendo-a acordar e se amarem novamente.

Quando Kolosk ia se retirar do quarto, voltou e pegou nas

pequenas mãos de Natasha, falando:

— Meu amor, esta semana providenciarei uma residência para você. Não podemos ficar juntos nesta casa, este é o lar de minha família. Montarei um outro para você, cuidarei de você por toda vida.

Depois de três dias, Natasha se despedia da família de Kolosk e mudava para outro local muito bem escolhido por ele. A nova residência da bailarina ficava em uma rua pouco povoada, bem tranquila, como eles desejavam, e distante do centro da cidade.

Era uma casa térrea grande, bem decorada, com jardim na frente. Lá passaram a viver o início de uma história de amor.

Natasha aprendera a dividi-lo com a família e nunca fazia perguntas sobre nada de sua vida. Contentava-se unicamente com a presença dele ao seu lado, sendo essa a sua nova vida. Wladim e o teatro Marinsk.

A cada dia que passava, mais o amava e respeitava. Quando estava com Kolosk era simples, meiga e delicada. Nada no mundo era mais importante do que ficar ao lado dele. Mas, ao pisar no teatro, transformava-se por completo; era como um bicho ferido, com medo de novos ataques.

Macarovich, cada vez dançando melhor na companhia e sempre desprezando Natasha, prosseguia fazendo pouco caso da moça, que caíra em sua antipatia. Certa noite, após o espetáculo de balé, viu Kolosk ir buscar Natasha e soltou um irônico "boa-noite" para eles, fazendo com que notassem a sua presença, saindo depois com o noivo, às gargalhadas.

Kolosk não percebeu a intenção da bailarina e conduziu Natasha para o coche, que os esperava como de costume. Dentro do coche, beijou-a, fazendo tudo se apagar na mente da amada.

CAPÍTULO 14

A fuga para a Itália

Luther não dormia há muitas noites. Passava horas e horas acordado, remoendo o caso em que participara há vinte anos, devido à sua grande cobiça, tornando-se indiretamente cúmplice de um assassinato. Estava ligado aos dois colegas de outrora: Igor Gulost, que era primo do que fora morto, preso sozinho pelo crime, e Servey, que compartilhara da trama. Essas cenas não lhe saíam da mente.

Certa noite quando estava dormindo, teve um pesadelo e acordou gritando, acordando Rina que, assustada, tentava acalmar o marido.

— Saia daqui, você morreu, eu nada tenho com isso, foram eles, saia de perto de mim.

— Luther, acorde... Você estava sonhando, acorde.

— Não é sonho não, eles estão aqui.

— Eles quem?

— Eles, o que morreu e outros companheiros dele, estão me infernizando.

Rina pegou um copo com água, fez uma prece a Deus e pediu pelo marido, em seguida deu para ele tomar. Somente assim foi que ele conseguiu acalmar-se e dormir um pouco mais.

No dia seguinte, Rina conversou com o marido na hora do café da manhã.

— Meu querido, você teve outro pesadelo esta noite. Com quem você sonhou?

Luther se lembrou de tudo, mas não podia contar para a mulher.

— Foi apenas mais um pesadelo, não sei com quem sonhei, eram pessoas que me perseguiam.

Em seu íntimo ele sabia bem, porém achou melhor dizer à mulher que andava muito agitado, e que deveria ser esse o motivo de tantos pesadelos.

— Anne! Sinto que Luther está obsediado.

— O que é isso, senhora?

— Lembra do livro do senhor Kardec, que nos explica todos esses casos? Coisas que aconteceram e nós desconhecemos...

— Sim, estou aprendendo com a senhora, mas ainda sei pouco. É tão difícil tudo isso.

— Não sou eu que ensino, são os livros. Eu também estou aprendendo.

— Sim, mas o que a senhora sabe sobre essa obsessão?

— Entendi que é uma ligação infeliz que formamos com outras mentes e que nos leva ao desequilíbrio, pois através da intuição, pensamos como eles. Geralmente são espíritos ligados à vingança, ao ódio ou ao remorso.[10] Assim é que esses espíritos atravessam as portas da morte, em perigoso desequilíbrio da mente e passam isso para as pessoas que, por alguma razão, estão em sintonia com eles.

— Mas o que isso tem a ver com o senhor Luther?

— Nos seus sonhos, ele deve se encontrar com essas entidades do mundo dos mortos, que devem estar lhe cobrando algo, porém não sei o quê.

— E como podemos ajudar?

---

[10] Explicações em "O Livro dos Espíritos".

— Com as nossas orações e pensamentos bons para ele. Sabe Anne, quando ele chega em casa, tenho a impressão que está envolvido em nuvens cinzas. Por isso é que temos que ter muita paciência e confiar em Deus, que nos dará forças para ajudar o meu marido.

— Ainda bem que ele tem a senhora.

— Ou que bom que eu tenho ele. Como poderia ser útil nesta vida? É através dele que aprendo e colaboro. Ele é o meu próximo e Jesus nos ensinou que devemos amar ao nosso próximo como a nós mesmos, não foi?

Rina, entendendo o auxílio ao próximo, tornou-se a guardiã do marido e, sempre que ele chegava, ela o abraçava, transmitindo muito amor e paz.

Um dia, sonhou com algo que a deixou muito preocupada, mas ao mesmo tempo feliz.

Sonhara que uma luz muito intensa entrava em seu quarto e dentro dessa luz ouvia uma voz lhe dizendo: "Rina minha irmã, que a paz esteja com você. Depois de tantas reencarnações, voltas novamente a compartilhar da vida deste nosso irmão que te é caro. Tua missão será árdua, porém estará sempre sob a nossa proteção. Você pediu ao Eterno Pai para vir como esposa daquele de quem outrora foste mãe, e não soubeste encaminhá-lo ao bom caminho, falindo em teus deveres maternos. O teu desvelo foi grande, mesmo não tendo alcançado a sua meta. Novamente pediste ao Bom Deus a oportunidade de ajudar o nosso irmão. Não esmoreça agora, dê todo o apoio para que ele comece a despertar para a verdade e peçamos a Deus para que ele aproveite esta oportunidade bendita. Faça a tua parte, querida irmã, e que Deus te ilumine."

Rina acordou com lágrimas nos olhos, meditou muito sobre aquele sonho e orou ao Pai, pedindo forças.

Havia quase um mês que Natasha não enviava notíciais e Rina sentia muita saudade da filha querida.

— Anne, como estará minha Natasha?

— Muito bem, muito bem mesmo. Quando se está ao lado de quem se ama, tudo fica bem.

— Mas ele é casado, Anne, não é certo esse amor.

— Deus é quem sabe o que é certo e o que é errado. Natasha não é maldosa, nada fará contra a família dele. Ela é boa de coração, somente amou alguém já comprometido. Ela só quer amar, nunca havia amado antes de Kolosk aparecer. Sua alma é sonhadora e sensível, eu conheço a nossa menina.

— Não sei, Anne. Rezo a Deus por minha filha e por Kolosk, pois não deve ser fácil esta situação. Embora saibamos que a nossa sociedade é condizente com "estes" senhores de posição, permitindo que tenham aventuras fora do casamento. Para eles, a sociedade fecha os olhos; inclusive as próprias esposas.

— Espero que Natasha não seja para Kolosk apenas uma aventura, caso contrário ela não suportará viver — concluiu Anne.

Naquele dia Luther chegou em casa muito nervoso, mais do que era de costume.

— Rina... Anne!

Ambas entraram na sala onde ele estava, vendo o quanto estava transtornado.

— O que aconteceu, Luther?

— Rina, vamos sair hoje mesmo de Moscou. Arrumem as coisas, e muito rápido. Vamos para a Itália no navio que parte esta noite, tive sorte de conseguir lugar para nós.

— Mas... E nossa casa? E Anne?

— Depois verei o que fazer com a casa. Quanto a Anne, ficará aqui tomando conta, até que eu decida o que fazer com as nossas coisas.

— Senhor, vou ficar sozinha aqui?

— Sim. Por ora. Enquanto isso, pode trazer alguma amiga para morar com você. Só há um porém, Anne...

— O que, senhor?

— Ninguém pode saber para onde fomos, nem que a forcem a dizer.

— Sim, senhor, nem que me matem, nada direi.

— Não fale bobagem, Anne — falou Rina, preocupada com tudo.

As batidas na porta eram fortes e contínuas. Servey, do lado de fora, gritava para Luther.

— Luther, abra depressa esta porta.

— Rina e Anne, vão preparar as malas, enquanto atendo este meu amigo.

Rina sabia que era sério e começou a chorar. Anne a confortou:

— Dona Rina, acompanhe o seu marido. Eu ficarei aqui e, quando Natasha resolver voltar, a receberei nesta casa que é dela. Vá e que Deus esteja com a senhora.

Atordoado, Luther correu para atender Servey, pois sabia que as coisas não estavam boas.

— Luther, eles chegam amanhã à noite. Estão em cinco pessoas. Não temos tempo para mais nada.

— Para onde você irá, Servey?

— Não sei ainda.

Servey não quis dizer o novo rumo e Luther percebeu que não existia entre eles confiança e amizade, não falando nada também sobre a direção que tomaria.

CAPÍTULO 15

Momentos de decisão

No teatro, as coisas não iam como Natasha queria. Era a estreia de La Bayadére[11] e todo o elenco estava estressado, pois há meses estavam ensaiando.

Mal tinham tempo para um descanso, por menor que fosse. O coreógrafo não dava quase nenhuma folga para os bailarinos. Ele também seguia as ordens de Petipa, que exigia o melhor.

A responsabilidade de levar o nome do balé imperial era muito grande para todos dentro do teatro, e sempre fora assim desde a sua fundação, quando a imperatriz Anna Ioannova, em 1738, convidou o mestre de dança francês Jean-Baptiste Landé para uma missão importantíssima: criar uma escola de dança. Mais tarde, quem deu continuidade ao sonho de Anna foi Catarina II. Quis ela fazer de São Petersburgo a capital da cultura do norte europeu. Catarina rivalizava com a fervilhante Viena. Esses fatos históricos estavam sempre presentes na cabeça destes coreógrafos e seus diretores, tornando-os exigentes, perfeccionistas e muitas vezes fazendo com que a vida de seus bailarinos fosse sufocante.

Em casa, Natasha estava irritada com os pequenos detalhes deixados de lado por sua empregada. Só modificava o humor

[11] Balé coreografado por Marius Petipa, em três atos. A história passa-se na Índia e a música é de Leon Minkus.

com a presença de Kolosk, e se tornava mais calma. Bastava ele lançar-lhe um simples olhar e ela se banhava de amor e desvelo.

— Minha querida, durma mais um pouco, ainda é muito cedo, nem mesmo o sol raiou. — Kolosk, ao se despedir naquela manhã, viu que Natasha não dormira bem. Falou com carinho, enquanto cobria a amada que, sonolenta, balbuciou:

— Não tenho tempo para ficar na cama, Wladim. Hoje é o último ensaio e teremos outro dia bem árduo, talvez o mais árduo de todos.

Kolosk beijou-a e se retirou do quarto olhando da soleira da porta para a mulher que tanto amava e que mudara a sua vida. Natasha sorriu-lhe e soprou um beijo carinhoso.

Quando ela se viu sozinha, pensou: — Cada vez o amo mais... por ele deixaria até de dançar.

Levantou rápida e, se espreguiçando, foi ao banheiro para a primeira higiene do dia. Após se preparar, com as malhas de balé por baixo do traje de passeio, tomou o desjejum e se dirigiu para o teatro.

No caminho ia pensando: "Já faz tanto tempo que estou aqui e somente consegui fazer parte do corpo de baile[12] do teatro. Mas é tão lindo este balé que, quando estou dançando, não sinto diferença das grandes estrelas."

Neste instante, lembrou da primeira bailarina da companhia e, com certa inveja e despeito, pensou: "Macarovich brilha em seus destaques. Sem dúvida é uma diva da dança, porém é tão petulante, tão mal-educada, pisa em cima de mim sempre que pode. Tenho que falar com Wladim. Ele tem que dar um jeito... ela precisa ir embora da Rússia, aí quem sabe sobra uma chance para mim. Sei que posso fazer tudo o que ela faz..."

[12] Conjunto de bailarinas coadjuvantes.

Assim, Natasha deixou-se dominar pela inveja e ciúme e não via que, neste instante, ficara presa dentro de uma névoa cinza escura. Sentiu-se muito mal com aqueles pensamentos.

No teatro, a música muito alta e o cenário oriental tão majestoso a envolveram, e ela acabou se esquecendo daqueles pensamentos, entregando-se por completo à dança, como quem se entrega a uma oração.

Deu o melhor de si durante todo o ensaio, mas Macarovich, ao passar por ela, disse maldosamente:

— Vê se hoje não atrase a sua entrada. Preste mais atenção, é nosso último ensaio.

Natasha ficou vermelha e falou, retrucando:

— E você, vê se não cai do seu trono. Tudo um dia cai. — E saiu de perto, deixando Macarovich perplexa com a ousadia em falar assim com a primeira bailarina da companhia.

Os ensaios acabaram tarde da noite, e Kolosk estava cansado de esperar por Natasha dentro do coche. Se não fosse o empregado de tanto tempo conversar com ele, por certo teria dormido.

Natasha entrou sem beijar o companheiro, que notou que ela estava muito nervosa. Pensou que fosse por causa do ensaio e pela tensão da pré-estreia.

Porém, na cabeça da moça passavam mil pensamentos, que por certo eram reforçados por outras vibrações espirituais do mesmo teor. Essas entidades a fortaleciam e ela continuava a planejar alguma coisa para prejudicar Macarovich.

Mas o amor, sentimento maior, sempre corta qualquer mal. O amor de Kolosk era tanto que, abraçando e beijando a moça, envolveu-a em um sentimento tão puro, que Natasha, por algum tempo, esqueceu-se de tudo e somente se entregou ao amado. Assim, pôde ter uma boa noite de sono, envolta dos braços de Kolosk.

O teatro estava repleto. Luzes brilhavam, embelezando ainda mais o recinto tão requintado pela aristocracia da época.

As senhoras todas trajavam seus melhores vestidos de festa, cuidadosamente escolhidos pelos costureiros franceses que passavam na Rússia certo tempo do ano, trabalhando para as famílias nobres.

Os cavalheiros que as acompanhavam também estavam elegantemente trajados, em seus fraques cerimoniais. As jovens, cada vez mais entusiasmadas, brilhavam em seus vestidos de finíssimos tecidos vindos do Oriente, e pai nenhum se negava a pagar o preço que fosse para poder ter a filha sempre na mira do melhor partido.

Dentro do teatro, o público sentado não dispensava o binóculo. Era a oportunidade de olhar cada presente naquela noite e, principalmente, observar o camarote dos czares.

No camarote imperial, porém, além dos czares estava sentado ao lado da czarina um homem sinistro. Sinistro em seus trajes e em seu olhar, emoldurado pela grande barba que lhe encobria a face. Era Rasputin, o mago que a czarina conhecera há pouco e de quem já se fizera amiga íntima.

Kolosk e seus amigos ocupavam o camarote situado ao lado do camarote imperial e, por mais que disfarçasse, via-se nele o nervosismo por Natasha estar dançando um grande balé. No camarim a agitação também era enorme, causando mais nervosismo nos bailarinos.

— Passe para mim o pó de arroz, meu nariz está vermelho — pedia Natasha a outra colega, que estava ao seu lado.

— Calma Natasha, não precisa ficar tão nervosa assim. Já imaginou como deve estar a Macarovich, sendo a primeira bailarina?

Natasha não gostou da comparação que a colega fez. Não

queria pensar na diva do balé, estava com ela até o pescoço de raiva. Neste instante, bateram à porta e, falando alto, disseram:

— Em cinco minutos abrirão as cortinas!

Todas correram para as coxias, prontas para esperar a hora de suas entradas ao palco. O primeiro acorde da música de Leon Minkus soou alto e forte, fazendo as pernas das bailarinas tremerem.

O coração de Natasha quase explodiu em seu peito. Era emoção, nervosismo, todavia ambos eram banhados pela alegria de estar ali entre as outras naquele palco, com o público lotando o grande teatro. Para ela, todo aquele momento era uma mágica: fazer parte da coreografia do mestre Petipa.

Com os acordes, o público todo ficou em silêncio total, dando para ouvir as respirações ofegantes de certos senhores. A admiração tomou conta de todos. Era a beleza majestosa de cenário e a perfeição técnica dos bailarinos.

Quando terminou a primeira parte do balé, Natasha viu na saída da coxia um par de sapatilhas que reconheceu ser de Macarovich, que por certo haveria de usar na segunda parte e, para não perder tempo, já havia deixado ali. Num repente incontrolável, sem nem mesmo pensar ou perceber que estava sendo fortalecida por outras vibrações espirituais de baixo teor, as quais encontravam guarida nela, pegou as sapatilhas e as jogou em um canto escuro, onde dificilmente alguém acharia.

Após esse ato sem reflexão, correu para o camarim e foi trocar de roupa.

De repente, um barulho e um corre-corre infernal tomaram conta dos ouvidos do elenco. As vozes diziam:

— Vocês viram? Tem que estar aqui, trate de procurar e achar as sapatilhas dela! — gritava o diretor para os contrarregras, que por sua vez gritavam com todos os funcionários.

Uma bailarina que ficava ao lado de Natasha na coreografia

entrou no camarim e deu a notícia: "— Meninas, sumiram com as sapatilhas da Macarovich. Ela está em prantos, teve câimbras, treme sem parar. Não é para menos, pois todo o espetáculo está em suas costas. É capaz de ter um colapso nervoso."

Natasha sentiu prazer ao saber que a diva estava sofrendo e subiu para ver. Realmente o desespero da bailarina era comovente, tanto que Natasha, ao vê-la, sentiu piedade. Ao invés de se comprazer com o ato que havia cometido, ficou envergonhada, triste de ter causado aquilo tudo. Por mais que não gostasse dela, pensou em Kolosk vendo aquele ato indigno e, num ímpeto, correu para o canto onde jogara as sapatilhas, pegou-as e levou para a bailarina, que estava em desespero.

— Aqui estão as sapatilhas.

Macarovich ficou vermelha de receber das mãos da bailarina as sapatilhas.

Ainda mais Natasha, que era a última pessoa que gostaria que chegasse naquela hora horrível.

O diretor, que viu o acontecido, pensando que fora Natasha que tivera achado, gritou eufórico:

— Você achou... Gente, Natasha achou...

Mas Macarovich sentiu a maldade que a bailarina lhe fizera, pois estava estampada no seu rosto toda a culpa daquele ato.

— Você não presta, não vale nada e eu a odeio. — Macarovich retirou das mãos de Natasha as sapatilhas e, chorando de raiva, continuou a xingar: — Vou odiá-la muito por toda a minha vida e, se puder, vou fazê-la sofrer muito mais do que estou sofrendo nesta hora. Nunca vou perdoá-la por isso... Nunca, entendeu? — E saiu chorando de tanto ódio que nascera naquele instante.

Natasha sentiu o tamanho do ódio da bailarina e vergonha, mais uma vez, do ato que cometera. Foi para um canto e rezou: — Meu Deus, como pude ser tão má assim? E se ela não conseguir dançar o final do balé? Wladim está no teatro assistindo e, se souber o que fiz, vai se desiludir comigo. Como pude fazer isto? Ele não vai me perdoar nunca. Meu Deus, ajude-me, não me deixe perder Wladim. Por ele eu largaria até o balé, que sempre foi o meu maior sonho... Deus, ajude Macarovich a dançar bem esta noite. Por mais que eu não goste dela, ajude-a, Senhor. Quero que ela dance bem, pois precisa levar o espetáculo até o final e... Talvez eu não a odeie, talvez eu a inveje pelo quanto ela é importante para a dança. Talvez eu queira ser como ela, com todo este talento, esta perfeição... Eu nunca vou chegar a dançar como ela... — Chorando, Natasha prosseguia em sua prece: — Ajude, meu Deus.

— Natasha, é a tua hora de entrar — falou o contrarregra.

Macarovich era uma diva e dançou sem que ninguém pudesse imaginar o quanto havia sofrido minutos antes. A plateia, de pé, ovacionou todo o elenco, e Macarovich foi homenageada pelo czar. Nesta hora, Natasha saiu sem ser notada, correu para o camarim, trocou a roupa e correu para o coche de Kolosk.

Entrou e ficou escondida à espera do amado. Kolosk assustou-se ao vê-la dentro do coche e ela alegou estar muito cansada. Seguiram para casa e, pelo caminho, Kolosk fora dizendo o quanto fora bonito o espetáculo. Parabenizou Natasha, que aceitava com tristeza os cumprimentos. Ele jamais saberia o que de fato acontecera por trás do palco, naquela noite. Esta foi a lição amarga que Natasha carregaria sozinha em seu coração.

A temporada seguia adiante com sucesso absoluto. Fora do palco, a inimizade continuava ferrenha entre Macarovich e Natasha. A diva, sempre que podia, repudiava a protegida de Kolosk, e Natasha nada podia fazer, pois carregava a culpa dentro da alma. As ofensas eram ditas ao se encontrarem:

— Você é uma m... no palco.

E Natasha respondia:

— Você é uma m... fora dele.

Assim, Macarovich a odiava cada vez mais e, por sua vez, Natasha não conseguia destruir esse ódio. Depois desses acontecimentos tristes, o comportamento de Natasha sofrera modificações a olhos vistos. Estava mais compenetrada no balé, mais amiga das colegas e colaborava com os dirigentes do teatro, sendo prestativa sempre. Somente com Macarovich é que nunca mais conseguiu aproximação. A diva a ignorara e ela seguiu adiante, pois tinha a proteção de Kolosk.

O dia estava chuvoso, era final de verão e Natasha não saíra de casa. Resolvera, então, arrumar as gavetas de seu quarto, quando encontrou a última carta que sua mãe lhe enviara. Abriu e releu novamente. Sentiu uma enorme saudade, que a deixou triste tal qual o dia chuvoso que estava lá fora. Lembrou dos pais e da vida junto a eles. Recordou a mãe, sempre tão amiga e amorosa, trazendo lições de espiritualidade em que tanto acreditava...

— Deus meu... Faz mais de um ano que não tenho notícias deles... A temporada do balé me absorveu tanto, que olvidei por completo tudo que deixei em Moscou. Mal tinha tempo de dormir. Mas, por que eles não me escreveram mais? O que será que está acontecendo lá em casa?

Naquela noite, após o jantar, eles foram para a biblioteca, como faziam quase sempre. Natasha sentou ao lado do companheiro, abraçou-o muito e beijou diversas vezes a boca do homem que tanto amava.

— O que você tem, minha querida? Falta-lhe alguma coisa? Não estou lhe dando a atenção que você espera? Por que está triste? Sabe que, se você sofre, eu sofro também.

— Sabe que não. Sou feliz ao seu lado, não seria feliz de outra maneira. Mas...

— Mas? O que a preocupa? Não quero que lhe falte nada. Sinto que muitas vezes tenho deixado você sozinha, mas preciso dar atenção em casa, tenho os meus filhos e, quando não são os problemas de minha casa, é o czar que me envolve com tantos compromissos. Tento sempre conciliar de maneira que você me tenha mais do que os outros. Sabe que é a prioridade de minha vida. Diga-me o que está lhe afligindo?

— São os meus pais.

— O que está acontecendo com eles?

Natasha relatou que não recebia notícias deles há muito tempo, e que precisaria ir até Moscou para saber o que de fato estava acontecendo.

— Mas este mês eu não posso ir. O czar receberá uma comitiva para novos planos políticos. A situação da Rússia não é das melhores e ele está preocupado.

— Não, meu querido. Não quero que você me acompanhe, sei bem de seus compromissos junto ao czar. Eu irei sozinha. Lembra que cheguei aqui sozinha? Quero somente que empreste o seu cocheiro para me levar. Tenho que aproveitar essas férias do balé, antes da nova temporada.

— Sabe que não gosto que viaje sozinha, mas pressinto que alguma coisa aconteceu por lá e você tem o dever de saber. Vá, minha querida, eu estarei à sua espera com mais amor ainda.

Os dois se levantaram e, abraçados, foram para os aposentos, para a entrega total das almas afins.

Na casa de Kolosk, a esposa Wera notara a falta do coche do marido, mas não ousou perguntar nada. Tudo estava bem, nada faltava ao lar, aos filhos e a ela. Até às reuniões do palácio ele a levava. O seu lugar como esposa estava garantido. O resto era coisa de homens, e pensava: todos eles possuem amantes. Assim, foi vivendo ao lado do marido que lhe dava tudo, menos amor.

— Wladim, amanhã o bispo do Canadá virá jantar aqui em nossa casa, mandou um emissário avisar-nos.

— Oh! Será muito bom ter Dom Gaspar junto a nós, e trará com certeza bênçãos para a nossa família.

Wera comandou toda a preparação do jantar para Dom Gaspar e convidou alguns amigos importantes de São Petersburgo e da Igreja Católica.

A recepção foi das mais perfeitas e nada faltou na residência dos Kolosk.

— Dom Gaspar, não avalia a alegria que é a sua chegada à nossa cidade e o grande prazer em tê-lo em nossa casa.

— Bondade sua, amigo Kolosk.

— E como vai o vosso trabalho lá nos Estados Unidos?

— Grande e tomando vulto maior. Estou com a direção de muitas igrejas e saiba que, precisando, pode contar com todo o nosso apoio. — Dom Gaspar retirou do bolso um cartão que continha o seu endereço, e entregou-o a Kolosk.

— Obrigado, Dom Gaspar, mas receio que nunca irei aos Estados Unidos.

CAPÍTULO 16

Crise no palácio

O dia da viagem à Moscou chegara e, mal os raios solares começaram a despertar, Natasha acordara sem ser chamada, tanto era a ansiedade para rever a casa dos pais. Ficou surpresa quando viu que, ao seu lado, Kolosk não estava dormindo. Era ainda muito cedo para ele se levantar, e isto a preocupou. Mas, ao sair da cama, viu em cima do criado-mudo um bilhete de Wladim dizendo o seguinte:

"Querida, o czar mandou seu cocheiro me buscar. Pede a minha presença no palácio. Alguma coisa de sério está acontecendo. Tenho que ir e não quis acordá-la. Viaje tranquila, pois tudo dará certo. Já estou com saudade. Volte logo, vou esperá-la com mais amor, se é que possa existir mais do que já sinto por você.

Beijos, Wladim"

Natasha ficou preocupada: — O que será que está acontecendo no palácio?

Mas como tudo estava preparado para ela viajar, não vacilou e seguiu se arrumando para a longa viagem, esperançosa do encontro com os pais.

E pensou: — Wladim sabe bem se cuidar e, com certeza, dará um jeito nas complicações junto ao czar. É muito inteligente, haja vista o czar o ter por perto.

Não foi das mais demoradas a preparação de suas malas. Vestiu seu costume de viagem, muito elegante. Queria que seus pais a vissem bem sucedida e feliz. Tinha tudo o que queria: o amor de Wladim e o balé imperial.

Desta maneira, a felicidade estava estampada em sua face e nada demonstrava a frustração com a colega Macarovich, tamanha era a plenitude em que vivia.

O coche seguiu a estrada e, como de costume, depois de alguns quilômetros percorridos, passava diante da taberna de Nicolai. O cocheiro perguntou a Natasha se ela queria alguma coisa da taberna.

Natasha lembrou do senhor Pedro, que tão gentil fora quando ela estava chegando em São Petersburgo, e quis cumprimentá-lo. Mal desceu do coche e logo o senhor Pedro estava à sua frente.

— Que bons ventos a trazem por aqui, minha jovem?

— Como vai, seu Pedro — apertou a mão do amigo que mal conhecia, mas que lhe dava tanta segurança. — Estou indo ver meus pais em Moscou.

— A casa paterna sempre nos aguarda com carinho. Que Deus abençoe a sua volta.

Serviu água para a jovem, a quem já se afeiçoara sem saber por quê. Acenou para ela durante muito tempo, e Natasha ficou feliz com aquele carinho tão singelo e paternal.

Durante o percurso, dividia seus pensamentos com o que iria encontrar em Moscou e com Wladim, que acabara de deixar. Já cansada, depois de algum tempo, ela adormeceu. E teve um pesadelo. Sonhou com a mãe chorando e doente. Sonhou também com homens brigando e via em seus rostos muita maldade e sangue rolando no chão. Estava sozinha e gritava pedindo ajuda, mas não aparecia ninguém para socorrê-la. Neste ponto do sonho, ela acordou com um solavanco do coche. Tremia como se tivesse visto de perto toda a cena e suava frio de tanto pavor.

— Meu Deus, não deixe que nada tenha acontecido com minha mãe.... Acho que foi somente um pesadelo... Fiquei agitada com este sonho. Wladim, meu querido, como queria que você estivesse aqui junto a mim.

Tentou ler um pouco para se distrair, mas os pensamentos voltavam sempre para o pesadelo. Pediu ao cocheiro que parasse um pouco, pois não estava bem e precisava de ar puro. Foi de pronto atendida, porém com uma advertência:

— Senhora, por favor, não demore muito. Está anoitecendo e saqueadores de estradas existem em todos os lugares.

Natasha recuperou-se logo dos tremores e, não deixando o cocheiro notar sua inquietação, voltou para o veículo, que rápido seguiu em sentido a Moscou, já não tão longe. Mais algumas horas e lá chegariam.

Era tarde da noite quando adentraram a cidade de Moscou. O cocheiro perguntou se iriam para algum hotel e ela respondeu que a levasse para a casa dos pais. Ensinou o endereço para o fiel empregado.

Cada quarteirão que passava, ela ia se lembrando de sua vida por aquelas ruas. Quantas vezes percorrera aqueles caminhos para ir à escola de bailados.

Lembrou-se do dia em que encontrara a cigana, que tantas bobagens falou para ela. Mas o que mais lhe deu emoção foi quando, ao longe, viu o palácio do governo.

Lá onde tudo começara, o primeiro dia em que encontrou Wladim, o baile. Lembrou também de Caio, o noivo que dispensara ao apaixonar-se por Wladim.

— Quantas lembranças, meu Deus. Quantas recordações.

O coche dobrou a sexta rua e foi imenso o susto de Natasha, ao ver o local onde ficava a sua casa.

— Deus meu! — O pavor estampara-se nas suas faces e ela

começou a gritar para o cocheiro: — Pare, rápido, pelo amor de Deus!

Os cavalos foram brecados tão rispidamente, que as ferraduras fizeram enorme barulho com o atrito no chão. O cocheiro desceu e não teve tempo de abrir a portinhola, pois Natasha saltara do carro antes que ele parasse.

O grito da moça e as lágrimas que caíam de seus olhos, fizeram o cocheiro se condoer de compaixão. Tentou impedir Natasha de entrar naquela ruína, pois não estava entendendo nada do que ocorria naquele momento.

— Senhora Natasha, por favor, o que está acontecendo, que deixou a senhora com este sofrimento todo?

— Mika, era aqui a casa de meus pais. Olhe agora o que restou...

O local estava apenas com os destroços da casa que antes havia ali. Um incêndio acabara com tudo. Nada restava, além dos poucos materiais que não haviam sido totalmente queimados. As plantas do jardim estavam todas destruídas, nada restava da casa dos Staliwisk. Somente na lembrança de Natasha que, aturdida, tentava pensar em alguma coisa.

— Quem poderá me dizer o que aconteceu, quem?

— Senhora, acalma-se. Não chore tanto. Vamos perguntar aos vizinhos se eles sabem o que aconteceu.

— Sim, por favor, vá até a próxima rua e tente perguntar se sabem do paradeiro de meus pais.

Enquanto o cocheiro sumia na virada da esquina, Natasha percorreu chorando todo o terreno, onde antes fora a sua residência.

— Nada pode ter acontecido com eles... Deve ter sido um acidente, vou encontrar meus pais... Talvez estejam em outra bela casa e eu aqui preocupada com eles, mas... Como foi que pegou fogo, a ponto de não se salvar nada?

Quando ela estava voltando, viu Mika que vinha correndo e não tinha um bom aspecto.

— Senhora, o paradeiro de seus pais ninguém sabe, mas...

— Mas, o quê, Mika? Por Deus, diga-me o que você sabe.

— A sua empregada está viva...

— Anne... Anne, oh meu Deus, onde está Anne? — Natasha sacudia o casaco do cocheiro, sem perceber que estava quase agredindo o pobre homem.

— Na Casa de Misericórdia, está lá... Mas está muito mal.

— Leve-me depressa até lá, vamos rápido com esses cavalos. Por Deus, quero ver Anne. Ela poderá me dizer onde estão os meus pais.

Na Casa de Misericórdia, percorreram os corredores até chegar a uma enfermaria onde encontraram Anne. A enfermeira só deixou entrar uma pessoa.

Natasha pediu para o cocheiro que a esperasse lá fora o tempo que fosse preciso, e entrou direto até a cama onde Anne estava deitada.

Ao ver a amiga e confidente quase entregue à morte, Natasha sentiu um nó apertar-lhe a garganta. A pobre amiga estava desfigurada. Tão magra e com partes do corpo queimadas, minando água, causando um mau cheiro. Natasha passou a mão sobre a cabeça da velha amiga que tanto ajudara em sua casa e que tanta atenção lhe dera em sua adolescência.

Chorou baixinho, para não acordar a pobre Anne, sem saber que ela estava semi-acordada.

— Minha querida menina, você veio me ver... — Com muita dificuldade ela abriu um olho, o único que podia ainda obedecer aos seus comandos físicos. — Quanta saudade... Só não queria que você voltasse e me encontrasse nesta situação...

— Minha querida, eu estou aqui e vou cuidar de você.

Diga-me o que aconteceu... Você pode falar?

— Esperei viva somente para lhe contar. Você não podia ficar sem notícias, sem saber de tudo.

— Anne, onde estão meus pais?

— Para onde eles foram eu não sei, mas sei que conseguiram fugir da Rússia, naquele dia em que Servey apareceu trazendo notícias do tal preso lá da Polônia, que queria se vingar de seu pai. Foi então que tomaram a decisão de partir para outro país, só que eu não poderia saber, pois poderiam me interrogar e seu pai pensou que, se me machucassem, eu falaria. Bem se vê que ele não me conhecia. Foi um corre-corre total, dona Rina chorando, só falava de você. Seu Luther brigava com ela, para que parasse de chorar e de falar em você. Lembro-me como hoje das palavras dela em relação a você: "— Anne, cuide de minha filha. Se ela aparecer aqui, diga que a amo muito e que rezarei por ela sempre. Um dia, diga a ela, eu virei procurá-la e nos encontraremos novamente. Quero que ela seja uma pessoa boa, que faça somente o bem para os outros, que acredite que a vida continua após a morte e que Jesus consola a todos."

Natasha chorava e lembrava-se de tudo o que já tinha feito de errado.

Lembrava-se da mãe tão espiritualista, cuidando com tanta paciência do pai, com tanta fé em Deus.

— Dois dias depois de terem partido, eles apareceram...

— Eles quem, Anne?

Anne, com dificuldade, prosseguia:

— Igor Gulost e mais dois colegas de prisão. Entraram sem bater e me encontraram deitada em meu quarto. Tiraram-me do leito aos empurrões e com muitos palavrões.

"— Diga, besta velha, para onde eles foram?"

"— Chefe, quer que a gente faça ela falar sob nossos carinhos? Ha, ha, ha..."

— Os companheiros dele tiraram a minha roupa toda e beliscavam-me nas partes mais íntimas. Xingavam-me de nomes que não ouso falar para você.

"— Se você falar, deixaremos você livre, mas se não colaborar, queimaremos você viva." — Igor Gulost gritou. — Anne tremia ao lembrar essa cena, mas continuou:

— Nisso, os outros vasculharam toda a casa e, não achando nenhum objeto de valor que pudessem carregar, voltaram blasfemando e começaram a atear fogo na casa. Nesse instante, Igor pegou a minha camisola, ateou fogo nela e jogou-a em cima de mim, que apavorada caí no chão, bati com a cabeça na quina da cama e desmaiei.

— Anne, quanta desgraça. Como você sofreu minha amiga. Por que não foi embora logo que meus pais partiram?

— Porque eu sabia que você viria, sonhava com você vindo me ver e quis esperá-la. Pensei que poderia ir com você, trabalhar na sua casa.

— Oh, querida... E quem foi que a encontrou? Pois não sobrou nada da casa. — perguntou aflita Natasha.

— Pedi para um primo meu ir todas as noites dormir lá, fazendo-me companhia. Foi graças a ele, que chegou a tempo de me retirar com vida... Estava desmaiada e fui trazida para a Casa de Misericórdia. Desde então estou apenas esperando-a, para dizer tudo o que aconteceu e transmitir o recado de sua mãe.

Natasha sofria muito ao perceber o quanto a pobre Anne padecera, por sua causa.

— Anne, se existe céu, você com certeza irá para lá.

— Segundo os ensinamentos que sua mãe estava aprendendo, o céu não se ganha tão facilmente, afinal esse foi o meu testemunho cristão e de fraternidade para com vocês, que sempre foram bons para mim. Quanto aos meus algozes, não tenho rancor deles. Esses malfeitores, que nem sei quem são, machucaram-me o corpo, mas estarão sempre machucados na alma. A minha, graças a Deus, está tranquila.

— Deus a proteja, minha amiga. Eu vou estar aqui ao seu lado e vou falar com os médicos. Pagarei o que for preciso para curá-la.

Anne sorriu com a boa intenção da menina que tanto amava, mas sabia que sua hora estava chegando. Mesmo assim, falou:

— Vá para um hotel, pois ficarei bem. Amanhã você volta para me ver, eu estarei aqui. Precisa dormir um pouco, hoje o seu dia foi cheio de notícias tristes. Vai, minha menina, e que Deus sempre esteja com você.

Natasha escolheu uma pousada perto do hospital, onde o cocheiro e ela ficaram instalados em quartos confortáveis e simples. Não conseguiu dormir toda a noite. Acordava sobressaltada com o sonho, onde os malfeitores de Anne estavam correndo atrás dela e ameaçando: "— Ah, é você a filha daquele miserável, vai pagar por ele."

Assim foi, pesadelo após pesadelo, até que o dia raiou e ela de pronto saiu da cama. Tomou um banho para melhorar o aspecto que a noite deixara.

Depois do desjejum simples, dirigiu-se para o coche, onde Mika já estava a esperar.

— Bom dia, Mika. Vamos rápido para a Casa de Misericórdia, pois quero ver como Anne passou a noite.

O movimento do hospital já estava adiantado. Médicos e enfermeiras andavam de um lado para o outro, tomavam medidas para serem cumpridas durante o dia com seus enfermos. A limpeza era feita por senhoras devidamente uniformizadas, que passavam o escovão no chão, não deixando nenhuma sujeira.

Nesse movimento todo comum, dentro da rotina do hospital, Natasha entrou ligeira e dirigiu-se ao balcão da entrada, onde logo perguntou:

— Senhora, preciso ver a paciente Anne, do quarto 18. Quero saber se ela passou bem a noite e quero ficar com ela um pouco, falar com o médico que cuida dela. Sabe, venho de longe e ela é muito especial para mim.

A atendente ficou embaraçada e pediu para que Natasha falasse com a enfermeira-chefe, que estava na primeira sala do corredor à direita. Natasha estranhou e andou a passos largos, até onde foi indicado. Chegando lá, foi recebida pela enfermeira, que atenciosamente lhe perguntou:

— Em que posso servir, senhorita?

— Senhora, preciso ver a minha ama Anne, que está no quarto 18. Fui informada que antes tenho que ter a sua permissão.

— Sente-se, por favor, senhorita. — Natasha começou a ficar preocupada com toda aquela atenção, e foi sentindo um gelo tomar conta de seu corpo.

— Por favor, sem delongas. Quero saber de Anne.

— Sinto muito, a senhora Anne faleceu às 4h30min de hoje.

Natasha levantou e andou pela sala como um bicho acuado. Em seus pensamentos voltavam as cenas em sua casa quando era menina, e Anne sempre ao seu lado, ora brincando, ora ensinando alguma coisa.

— Meu Deus, por que levou Anne?

A enfermeira, ouvindo Natasha, tentou acalmá-la.

— Senhorita, ela sofria muito, não sobreviveria após todas aquelas agressões. Sabe, uma das vezes em que fui medicá-la, ela falou muito de você, dizendo o quanto ela a queria bem e que estava esperando pela senhorita... A senhorita mandou alguém avisá-la que viria vê-la?

— Não... ou melhor, o meu coração avisou-a.

Naquele dia, Natasha cuidou do enterro de Anne com a ajuda de Mika e de um velho conhecido de seu pai, que levou também a filha Irene, que tinha sido a primeira amiga de Natasha em Moscou. Natasha sepultou Anne com todo o carinho que uma filha tem pela mãe. Fez uma prece antes do caixão descer à sepultura. Seu coração experimentava a primeira grande perda de sua vida, com muito sofrimento.

O enterro foi muito triste e cansativo para eles, não deixando condição de voltarem no mesmo dia para São Petersburgo. Nem mesmo a saudade de Kolosk dava-lhe forças diante da perda da amiga tão querida. Entrou no quarto da pousada, tomou um banho e um copo de leite quente para poder dormir um pouco.

Por mais que sua mãe falasse que os mortos poderiam aparecer aos vivos, ela não teve medo de ver Anne e pensou consigo: "— Anne era muito boa e, se for verdade que a morte é só física, Anne deve estar em algum lugar fazendo o bem e não me esquecerá nunca, será mais um anjo a me guardar."

Com esse pensamento bom, Natasha adormeceu sem perceber que o quarto ficara todo envolvido por luzes. Ela conseguira se encontrar com o bem, sintonizando somente as coisas boas da vida, e dormiu tranquila.

De volta a São Petersburgo, quando estavam quase chegando em casa, Natasha falou a Mika:

— Por favor, Mika, vá até Kolosk e diga-lhe que cheguei. Porém não comente nada sobre os acontecimentos em Moscou, deixe que eu conto a ele com calma.

Assim que desceu a moça e descarregou a bagagem, o bom cocheiro partiu rapidamente em direção ao patrão, cumprindo a ordem da patroazinha, de quem gostava tanto e nem fazia distinção da verdadeira patroa.

Natasha estava cansada e, não sendo o dia da empregada ir à sua casa, resolveu deixar a mala lá mesmo na sala. Foi para o quarto descansar, após um banho gostoso e longo, que somente em sua casa sentia prazer de tomar.

A noite chegara e ela esperava por Wladim. Estava com tanta saudade.

Havia preparado uma sopa que ele gostava; era a única coisa que ainda tinha forças para fazer. A viagem a desgastara muito, todavia, arrumou a mesa com uma toalha de linho branco e taças para o vinho tinto, que ia muito bem com a sopa quente e suculenta.

Mal tinha iniciado a leitura de uma página de seu livro e Kolosk chegou.

Abriu a porta e, lá mesmo no *hall* da entrada, enquanto guardava o chapéu, se anunciou:

— Natasha, olá, cheguei!

Mal havia terminado a frase e a companheira já estava ao seu lado, envolvendo com seus braços o amado e beijando-o muitas vezes.

— Calma, você está me sufocando — ambos riram e ele, levantando-a em seus braços, rodopiou e acariciou com seus beijos todo o rosto da amada.

— Que saudade, meu amor... Como quis que você estivesse junto a mim em Moscou!

— Mas... o que aconteceu lá? Você está abatida, vejo olheiras em seu rosto.

Primeiro Natasha o fez sentar na sala de estar, serviu-lhe uma bebida e deitou com a cabeça em seu colo. Aí contou tudo detalhadamente.

Depois de tomarem a sopa e voltarem para a sala, Kolosk contou a Natasha que as coisas não iam bem no palácio.

— Mas, por que essa crise no palácio? O czar... o que estão fazendo para combater?

— Estamos no fim de 1898 e os líderes de um novo movimento, denominados marxistas, querem fundar um partido social e democrata dos trabalhadores da Rússia. Isso vai contra todo o império do czar. Você lembra da greve dos operários aqui em São Petersburgo, que foi de 1896 a 1897 e nos deu muito trabalho? Foi um custo controlá-la e, para piorar ainda mais a situação, a czarina achou por bem arrumar um conselheiro, que nós não aprovamos. Sabemos de seu misticismo, mas não confiamos nele. Só que a czarina fica recebendo orientações de Rasputin e tendo confiança em tudo o que ele diz.

— Quem é Rasputin? — perguntou Natasha, preocupada com a situação.

Nunca vira Wladim tão inquieto com os acontecimentos do palácio.

— Rasputin deve ser um mago, feiticeiro ou coisa assim. Influencia a czarina com suas premonições. Acho tudo uma tolice. Ele só quer se aproveitar politicamente da situação, e achou na czarina uma adepta perfeita. Prometi não me aborrecer com ele. Rasputin é assunto do czar; se ele não impede a mulher de estar na companhia desse feiticeiro, a mim não faz diferença.

— Mas você é amigo do czar, vai deixá-lo cair na emboscada desse tal Rasputin?

— Já tentei falar com o czar, mas ele não me dá ouvidos. Acredita na mulher, então não há nada a fazer. E também estamos com problemas demais no palácio... Bem... Mas você está aqui para me amar, e eu estou morrendo de saudade de você. Vamos para o nosso quarto.

No dia seguinte, a empregada mal havia chegado e Kolosk saiu para o trabalho, sem ao menos tomar o café matinal.

Natasha, quando acordou e ficou sabendo disso, preocupou-se mais ainda com Wladim:

— Ele está com muitos problemas de trabalho, é por isso que não tomou o café, Petruska. Eu também vou sair e não virei almoçar. Tenho que ir ao teatro saber dos novos ensaios. Deixe o jantar pronto, faça vitela com batatas cozidas; Wladim adora esse prato.

Ao chegar ao teatro, Natasha não encontrou ninguém, nem mesmo a secretária. Ia sair, quando ouviu chamarem pelo seu nome:

— Natasha!

— Rosnan, o que faz aqui?

— Tereze foi ao banheiro e pediu-me para atender quem viesse até a secretaria. Eu já estava aqui e não custava fazer esse favor para Tereze, que é a única que está sempre de bom humor e contando novas piadas, dentro deste ninho de cobras. Mas, quanto à sua pergunta, vim saber dos ensaios, porém ainda não tem nada marcado. Acho que a coisa está feia também por aqui. Mas, e você? Soube que foi para Moscou. Foi ver trabalho por lá ou foi com o amado passear?

— Nem uma coisa, nem outra. Assunto de família.

Neste instante, Tereze chegou e agradeceu a Rosnan por ter ficado em seu lugar na secretaria. Disse sorrindo: — Se tiver dor de barriga, pode contar comigo. — E riu com a piada. Rosnan sorriu também e seguiu para dentro da sala de ensaios com a amiga. Chegando lá e não vendo ninguém, resolveram ir embora.

— Aonde você vai agora, Natasha?

— Acho que vou voltar para casa. Já tomei um lanche antes

de vir para o teatro e não tenho mais nada a fazer, somente voltar para casa e tomar um chá. Quer ir comigo, Rosnan?

— E o seu Kolosk? Acho que não vai gostar...

— Wladim? — Natasha riu. — Ele diz que bailarino não gosta de mulher, não vai ter ciúme, fique tranquilo.

Rosnan, aproveitando a chance de fazer uma piada, fez um gesto de afeminado e, debochando, disse:

— Que arrogância do ilustre conde...

Petruska, ao ouvir a porta, correu para saber se algo havia acontecido e, depois que Natasha explicou, voltou para a cozinha para terminar o jantar e também fazer o chá solicitado.

— O chá está pronto, senhora. — Petruska deixou a baixela na mesinha e pediu permissão para ir embora, uma vez que estava tudo pronto para o jantar dos patrões.

— Rosnan, desde que vim para São Petersburgo, encontro com você na companhia de dança. Passamos muitas horas vivendo nossa vida profissional juntos. Falamos, rimos, mas nunca paramos para conversar como hoje.

— Sempre tem um dia para se notar uma amiga.

— Amiga... Nem sabe quem eu sou — respondeu Natasha, brincando com a situação.

— Está enganada. Sempre a observei, embora você nem desconfiou. Sempre acompanhei tudo o que fazia lá dentro, você sempre foi para mim a mais verdadeira, as outras são todas tão fúteis. Somente a dança é que nos une, nada mais.

— Verdadeira, eu? Nem sabe do começo da minha história. Não sou santa.

— E quem é?

— Já fiz coisas que você jamais pensaria que eu pudesse fazer.

— Como no dia da sapatilha de Macarovich?

Natasha ficou vermelha ao ouvir isto. Como ele sabia daquele dia nefasto?

— Fui eu que espalhei a notícia que você tinha encontrado as sapatilhas, primeiro para o diretor, depois para os demais.

— Por que você fez isso?

— Porque assisti a tudo desde o primeiro instante. Mas quando vi o arrependimento em seu rosto e a preocupação pelo seu ato impensado, senti que você era boa e precisava de ajuda. Macarovich percebeu tudo, eu sei, e não vai perdoá-la nem daqui a mil anos.

— Obrigada Rosnan, mas vamos mudar de assunto, que este me dá tristeza e vergonha. Como vai a sua carreira, conseguiu o lugar como solista? — falou Natasha, desviando a conversa.

— Que nada. Somente os apadrinhados do mestre é que têm preferência. Estou querendo ir embora. Gostaria de ir para a Itália, onde há muitas óperas, e balés é que não faltam nesses espetáculos. Bem, tenho que ir, já está anoitecendo e logo Kolosk virá. Não quero encontrá-lo, não fica bem.

— Você é meu amigo e ele aceitará nossa amizade.

— Fiquei feliz por essa nossa aproximação, seremos amigos para sempre.

— Minha mãe dizia sempre que não há coincidência em nossa vida. Tudo está preparado por alguém lá de cima. Tinha de ser assim.

CAPÍTULO 17

A separação | 1898

Depois daquele encontro em sua casa, Natasha passou a ter Rosnan como amigo inseparável de todas as horas, principalmente na companhia de dança. Rosnan passou a cuidar de Natasha para que nada lhe acontecesse, uma vez que Macarovich era uma das principais estrelas do balé russo e tinha muita influência sobre o diretor e o coreógrafo.

Os dias iam passando e o momento que a Rússia atravessava em questões políticas era muito delicado. Os amigos trocavam ideias sobre o futuro e Rosnan dizia que um dia iria embora de São Petersburgo, ao que Natasha sorridente retrucava:

— Vai, porém somente quando eu for morar com Wladim na Itália. Arrumaremos uma casa perto de nosso palácio, e você viverá perto de nós. Além disso, quero procurar minha mãe e meu pai por lá, e você vai me ajudar, não é?

— Ajudar eu vou... Mas, quem disse que você vai morar em um palácio?

— Wladim é muito rico e, com certeza, quando largar a família, vai querer ter a mesma vida que tem hoje.

O czar sofria fortes ameaças por todos os lados. Rasputin estava se infiltrando cada vez mais na vida da czarina, e ela aceitando cegamente as suas sugestões. Eram dias difíceis para todos.

No palácio, o secretariado estava em polvorosa diante de tal situação. Os ministros e os demais cargos de confiança sofriam também as investidas, e alguns seguiam para outros países, fugindo dos compromissos que assumiram com o czar, por preverem um futuro perigoso para quem estivesse ao seu lado.

No gabinete de Kolosk a movimentação era acelerada. Como braço direito do czar, ele sabia que era grave a situação e sentia que seria necessário tomar uma decisão em sua vida. Tinha família e precisava dar a eles proteção total. Há dias vinha sendo seguido por desconhecidos, e também estava preocupado com Natasha.

Naquele dia, já bem cedo, o czar convocara todos os seus chefes de gabinetes para uma reunião extraordinária. Depois de explicar tudo o que estava ocorrendo na Rússia, pedia para os companheiros que tivessem calma, pois nada estava definido; eram ameaças, simplesmente. Todos mostraram muita preocupação em relação aos relatos. Após o término da reunião, Kolosk pediu uma audiência particular com o czar, ao que foi prontamente atendido.

— Diga o que tens a me dizer sem rodeios, e sem ocultar-me nada, meu caro amigo.

— Jamais vos ocultei coisa alguma, meu czar. Sou fiel a essa casa desde o comando de vosso pai, o sempre lembrado czar Alexandre III, e transferi a minha lealdade ao vosso governo desde então.

— É por isso que tenho a ti como meu dileto amigo e companheiro. Mas diga o que trazes para mim, nestes dias tão conflitantes?

— Temo que tenha que vos deixar, meu caro amigo e czar.

— Mas... por que esta pressa? Espera chegar o novo ano e aí podes partir.

— Talvez seja tarde demais. Venho sendo perseguido há alguns dias, e minha família está vivendo atormentada.

— Vou sentir muito a tua falta, caro Kolosk. Peço que não me comuniques o dia de tua partida. Será para te proteger, pois como diz o ditado: as paredes têm ouvidos. Sou reconhecido por tudo e tu já serviste muito à nossa família. Sou grato por toda a tua dedicação. Quero-te muito bem para pedir que fiques e esperes os acontecimentos negros que pressinto.

— Obrigado, meu amigo e czar — Kolosk abraçou o ilustre amigo, despedindo-se.

A semana correu com muito tumulto e sofrimento para Kolosk. Dividia seu tempo em casa, dando ordens para que a mulher preparasse a viagem, levando somente uma troca de roupa e todas as joias e dinheiro que tivessem em casa.

— Mas, para onde iremos? — perguntou Wera, assustada.

— Não faça perguntas, e tampouco nossos filhos podem saber desta viagem. Ninguém, entendeu? É para a nossa segurança. Segredo total.

Wera ficou tremendo, pois sabia dos boatos que corriam em toda a cidade. Tentou fazer tudo como o marido pedira, com medo de que algo acontecesse a eles. Até mesmo esquecera Natasha. Dividia o marido com ela sem reclamar, por medo de perder a posição de mulher casada com o ilustre conde Kolosk.

— Meu amado, que longa espera essa que você me fez sentir. Faz mais de três dias que não aparece em nossa casa. O que está acontecendo, meu querido? Você está triste...

Natasha percebeu a tristeza no olhar de Wladim, quando ele chegou naquela noite. Nem mesmo se interessou pelo embrulho que ele colocara em cima do console da entrada da casa, apesar de saber que era um presente para ela.

— Minha querida, não tenho boas notícias. Tudo está se complicando em torno do czar e, como sou confidente dele, corro o mesmo perigo. Foi por causa destes conflitos que me ausentei de nossa casa, mas venha me dar um beijo bem grande.

Natasha correu, envolvendo-se em torno do pescoço de Wladim. Beijou-o várias vezes, não dando nem tempo para ele respirar.

— Assim me mata... Mas, se morrer em seus braços, morro feliz. — Colocou a moça em seu colo e, acariciando os cabelos longos e lisos, falou com uma doçura que Natasha se preocupou: — Meu amor, sabe o quanto a amo e quero que sempre confie em mim. Aconteça o que acontecer, estarei esperando-a em algum lugar, pode acreditar.

— Wladim, você está me assustando... O que aconteceu? Vai me deixar?

— Não, nunca a deixarei. Acho que, mesmo depois de morrer, esperarei para vivermos juntos no céu.

— Quero-o aqui na terra ao meu lado, ou melhor, quero-o agora em nossa cama — a namorada falou brincando.

— Espere, tenho um presente para você! — Foi até o console, pegou o presente e deu-o para Natasha, que antes de abri-lo deu-lhe um beijo no rosto.

Abriu como se fosse uma criança abrindo o mais lindo brinquedo.

— Um relógio! — disse admirada com o presente de Natal, pois nunca havia ganho um relógio no Natal.

— Espere para ouvir a música que ele toca — Kolosk falou, orgulhoso do presente.

Era um relógio de vinte centímetros de altura, de mesa, que tocava com muita sonoridade. A música era uma sonata de Chopin, que Natasha tão bem conhecia e que a fez logo se lembrar do balé. Kolosk ficou a olhar os pequenos movimentos que o rosto de Natasha fazia, ao som do relógio, e a alegria que os olhos da amada revelavam com o presente. Pegou-a pelos braços, fez com que ela deixasse o relógio em cima da mesa e foram para o quarto.

— Eu amei o presente. Vou olhar para ele sempre e contar as horas que espero por você — Natasha falava entre os carinhos de amor.

— Cada minuto que o relógio marcar, quero que se lembre que estarei pensando em você — respondia Kolosk. — Mesmo que eu esteja na América ou na China, estarei pensando em você.

— Vamos, Wera, ande depressa... Onde estão Clarisse e Ivan?

— Você não me falou que iríamos tão rápido. É noite de Natal e fomos convidados para a ceia dos Strogenovs, que estão nos esperando...

— É justamente o que precisamos, que a atenção esteja voltada para a noite de Natal. Vamos sair da Rússia nesta noite fria e com toda a neve caindo sobre nós.

— Mas é perigoso... A estrada, a neve, nosso carro é muito novo — falava a esposa, preocupada.

— Calma, troquei de carro. Mika e eu já preparamos toda a viagem, está tudo sob controle. Vamos chegar seguros a nosso destino.

— Qual é o nosso destino? — perguntou Wera, aflita.

— Depois você saberá — foi a resposta do marido, secamente.

Depois da ceia na casa dos amigos, nada deixando transparecer no decorrer da conversa, os Kolosk se despediram, agradecendo a acolhida tão prazerosa, e partiram, entrando no coche que os esperava, seguindo em busca do novo destino. Ao passarem em frente à igreja da Madona Santa, Kolosk pediu ao cocheiro que parasse e explicou a Wera, que não estava entendendo mais nada:

— Wera, preciso entregar um documento ao padre Teodoro, mas não demoro.

A igreja estava vazia, pois ainda não era hora da missa de Natal. Kolosk foi correndo até a sacristia e chamou o senhor Pedro para fora. Ofegante, falou-lhe:

— Senhor Pedro, não tenho tempo para lhe explicar, mas preciso de sua ajuda. — Kolosk, tirando do bolso dois papéis dobrados, entregou o primeiro a ele e disse: — Aqui tem o endereço da minha amada Natasha. O senhor já a conhece, peço que cuide dela por mim.

— Como, senhor Kolosk, o que terei que fazer? — perguntou preocupado o bom amigo.

— Estou sendo perseguido pelos inimigos do czar, eu e outros companheiros do palácio. O único jeito é fugir da nossa Rússia, pois minha família corre perigo, e minha Natasha também. Ela é a minha vida, quero que a leve para longe daqui, rumo à Polônia. — Nesta hora Kolosk entregou o segundo papel, e falou apressado: — Este é o novo endereço, onde vou morar. Peço que não o leia, para não se comprometer também, e entregue a Natasha somente depois que estiverem longe das divisas da Rússia. Oriente-a para ir à Polônia e depois me encontrar neste endereço, que estarei esperando por ela. Adeus, meu amigo, e obrigado. Cuide de minha Natasha, por favor.

— Mas, senhor Kolosk... — Kolosk, no entanto, não esperou ele falar e saiu correndo, entrando rápido no coche e partindo.

— Meu Deus, o que vou fazer? — pensou Pedro, que foi para um banco da igreja, sentou e orou a Deus, pedindo ajuda.

— Não posso deixar aquela moça sozinha, esperando que venham prendê-la e talvez interrogá-la sobre o paradeiro do senhor Kolosk, quando ela não sabe de nada. O destino dela está em minhas mãos. Ajude-me, meu Pai. — Pedro foi para a sacristia e, arrumando tudo para a missa, continuou a pensar: — Quando terminar o meu serviço, vou até a sua casa e a levarei com a minha carroça até a saída da cidade. Seguirei pelo lado oposto dos viajantes e entrarei pelo mato adentro. Cortarei as fazendas, até pegar a estrada velha, depois deixarei a carroça com ela, para seguir ao destino final. É o que posso fazer por essas duas almas, pelas quais me afeiçoei tanto.

Pedro guardou com cuidado os dois bilhetes. O endereço de Natasha guardou no bolso da lapela, e o novo endereço de Kolosk colocou dentro da bota que calçava. Apertou bem os cadarços da bota e pensou: — Esse ninguém pode ver, a não ser Natasha, quando tiver passado a fronteira.

E foi continuar seu serviço, dentro da igreja.

— Rosnan, ainda bem que você veio passar a noite de Natal comigo, não ficarei sozinha neste momento tão especial.

— Você é a minha família, juntos vamos comemorar a ceia de Natal.

Rosnan percebeu que Natasha ficara triste, e tentou tirá-la dos pensamentos que, com certeza, estavam em Kolosk. Mas nada a distraía, nem mesmo as piadas que ele contava com tanta graça.

— Natasha, não fique triste, é noite de Natal — falou, tentando alegrar a amiga.

— Pensei em Wladim e meu peito apertou... como se eu pressentisse alguma coisa de ruim no ar. Mas vamos jantar, assim esquecerei essas bobagens da minha cabeça.

Já haviam terminado a ceia e estavam tomando o licor digestivo, quando ouviram as batidas fortes na porta. Rosnan correu para abri-la e, não conhecendo o senhor Pedro, chamou Natasha.

— Aqui está um senhor chamado Pedro. Diz que é taberneiro e quer lhe falar.

A moça correu ao encontro do visitante e, alegre por imaginar que viesse cumprimentá-la pelo Natal, foi logo puxando-o para dentro da casa:

— Entre, meu querido amigo. Que surpresa agradável neste Natal. Entre e seja bem-vindo.

— Natasha, não é pelo Natal a minha presença em sua casa. — E, olhando para Rosnan, perguntou: — Quem é o rapaz, seu parente?

— Rosnan é como se fosse meu irmão, pode confiar nele. Mas o que o está afligindo. Diga em que posso ajudar — disse Natasha, preocupada com a situação.

— Minha filha... sou eu que vim para ajudá-la. — E contou toda a história para eles, sem mencionar o endereço que Kolosk deixara para a moça. Ao saber que Kolosk fora embora, Natasha desmaiou e Rosnan a acudiu, fazendo-a cheirar os sais que estavam em cima da cristaleira.

— Ele me abandonou? Não vou encontrá-lo nunca mais? — Natasha chorava e, desesperada, pedia entendimento para o fato.

Seu Pedro não podia revelar que tinha o endereço de Kolosk, pois se ela soubesse e caísse nas mãos dos inimigos, seria torturada até dizer onde ele estava. Apenas falou:

— Minha filha, ele pediu para eu levá-la até a fronteira e para você seguir viagem, pois com certeza ele saberá como encontrá-la. Confie, pois ele a ama de coração. Tanto é que foi me procurar, sem mesmo ter muita amizade, arriscando a vida dele e da família, somente para salvá-la.

Natasha começou a entender e a confiar no senhor Pedro e na esperança de Kolosk vir buscá-la. Seguiu as instruções, colaborando rapidamente para fugirem de São Petersburgo.

— Natasha, quero ir com você. — Rosnan quase que suplicou e, continuando, disse: — Já queria ir embora daqui, agora é a minha oportunidade. Vou com você e também a ajudarei no que for preciso.

— Ótima ideia, meu filho. Já estou velho e não poderei seguir viagem com vocês. Moro com meu filho e, com certeza se me ausentar por muito tempo, ele irá à igreja saber o que está acontecendo. Você é jovem e poderá ajudar Natasha a seguir o novo rumo de sua vida. Ficarei mais sossegado com você ao lado dela.

— E encontrar Wladim! — retrucou a moça, pegando o casaco de lã grossa, as luvas e o gorro. Antes de fechar a casa, correu até o quarto e pegou o relógio que Kolosk havia lhe dado.

— Natasha... relógio? Água, dinheiro e documentos tudo bem, mas um relógio?

— Este eu não largarei nunca. Contarei as horas que me farão esperar por ele e, cada toque que eu der neste relógio, me fará sentir as vibrações de amor que passei com ele naquele dia.

Os três saíram sob a neve fina e persistente que caía na calada da noite, quando todos os lares comemoravam o Natal. Foram em busca da nova vida para os dois bailarinos.

A noite não poderia ser pior para aquela viagem, com péssimas condições.

A neve impertinente caía, castigando o corpo dos viajantes que, aflitos e com medo de que fossem vistos, adentraram a mata fechada. A escuridão da noite fria mal os deixava encontrar o caminho certo até a fronteira.

Rosnan, antes de sair, lembrara de levar vodca, sentindo o frio que iriam enfrentar. No meio do caminho deu um gole para cada um tomar, assim poderiam enfrentar aquela noite com mais força.

Viajavam por estradas não-oficiais, que Pedro conhecia tão bem, pois andava muito com o padre Teodoro em suas visitas aos doentes da região.

Pedro achou melhor, enquanto havia tempo, começar a falar dos planos para os dois bailarinos, depois que atravessassem as fronteiras da Rússia com os países próximos, para seguir viagem até a Polônia.

— Natasha, minha filha... Chamo-a tanto de filha, que até parece que sou seu pai. Mas aprendi a amá-la como se fosse, de verdade. A viagem será longa até chegarmos ao estaleiro, que fica perto do grande rio. Lá sempre existem barcos deixados pelos pescadores que, nesta época do ano, não aparecem devido ao frio, somente retornando após o inverno ter passado. Lá vocês poderão pegar um dos barcos e seguir rio abaixo. No final estarão em uma aldeia de pescadores, numa região grande, podendo pegar carona com os viajores das estradas até o país mais próximo,[13] que faz fronteira com a Polônia, e seguir rumo à aldeia onde mora o meu irmão Masvisc. Todos o conhecem por lá, pois tem o dom de curar os enfermos que trazem até ele. Basta ele fazer uma oração com a mão sobre a cabeça do enfermo e logo vem a melhora. Masvisc crê que exista vida depois da morte e que a gente morre e renasce em outro corpo, até que um dia, livres e sem pecados, voltemos ao Criador. Coisas de meu irmão...

[13] Referia-se à Letônia e à Lituânia.

— Minha mãe também acredita nessas coisas. Será que é verdade? — falou Natasha, lembrando da mãe.

— Se é eu não sei... Mas meu irmão sempre foi muito crente em Deus e em Jesus, e agora está estudando uma doutrina nova que surge na França. Dedica todo o seu tempo em ajudar os necessitados e é muito feliz. Nunca está de mau humor e de sua boca nunca se ouviu mal de alguém. Sempre tem uma palavra boa para as pessoas. É realmente um cumpridor do evangelho de Jesus. Eu aprendi a respeitá-lo com a sua crença, e ele me respeita com o meu catolicismo. Bem... tenham certeza que ele vai ajudar vocês a chegarem aos vossos destinos.

— Mas, e Kolosk? Onde vou encontrá-lo? — aflita e quase chorando, Natasha perguntou a Pedro.

— Calma, minha filha — Pedro tentou acalmá-la, dando confiança do futuro.

— Quando chegar o momento, você saberá o paradeiro de seu amado.

— Estou ficando com sono. Enquanto vocês conversam, vou descansar. — Rosnan ajeitou-se na carroça para dormir um pouco.

— Durma, filho, pois a sua consciência está tranquila. Natasha e eu vamos continuar conversando, para não termos sono. Alguém tem que conduzir esta carroça — Rosnan riu da piada do senhor Pedro e adormeceu.

CAPÍTULO 18

A perseguição

Uma vez que Kolosk tinha desaparecido, três homens da linha de combate ao czar e seus aliados, foram designados a fazer a perseguição ao ilustre conde. Recebendo a incumbência de encontrar o paradeiro dele, logo foram em busca da namorada, pois ela com certeza deveria saber onde estaria. Entraram na casa de Natasha, a fim de interrogá-la e, não a encontrando, destruíram tudo, berrando e debochando da vida íntima dos dois perseguidos.

No final, sem nada terem encontrado que fornecesse a eles uma pista do paradeiro da moça, saíram deixando um caos.

— Vamos embora, ela deve estar longe, em alguma estrada de pouco uso. Vocês vão para a estrada que circunda a cidade e eu vou para a estrada velha. Meu faro diz que ela deve estar lá, mas não se preocupem comigo, vou levar os dois cães selvagens, que sob o meu comando matam tudo que vier pela frente.

E assim saíram, famintos de desgraça e seguindo caminhos diferentes, em busca da mesma "presa".

— Seu Pedro, deixe que eu dirija um pouco, para o senhor descansar — falou Rosnan, despertando e vendo que Natasha também havia dormido e o pobre homem estava exausto.

— Obrigada, meu filho — disse Pedro. — Tome as rédeas, pois estou cansado. Não vou dormir, mas quero estar bem atento a tudo. Esta é uma missão delicada que aceitei e vou até o fim.

Era só mato fechado que viam pela frente. A neve caía fina, diminuindo a densidade de seus flocos. Todavia, o frio cortava o rosto e, por mais que usassem as tocas, sempre sobrava um pedaço por onde o frio adentrava, cortando a pele.

Andaram um pouco mais sob a direção de Rosnan, quando ouviram um barulho vindo da roda. A carroça tombou sobre a roda que quebrara, e os três foram jogados ao chão.

— Seu Pedro, e agora? — gritou Natasha, com medo de não poderem seguir viagem.

— Natasha, tenha calma — Rosnan falou, ao mesmo tempo em que levantava Natasha do chão.

— Vamos desamarrar o cavalo da carroça e seguiremos estrada adiante. O meu cavalo está muito velho e não aguentará dois no lombo, mas vamos intercalando um de cada vez.

A noite gelada continuava a machucar os corpos deles, e seu Pedro, devido à idade, estava quase sem forças. Seu coraçãozinho batia acelerado, mas ele não falava nada para os dois jovens. Seguia firme por fora e rezando por dentro.

Não tardou muito para que as marcas fossem desco-bertas pelo algoz que os perseguia. Vendo os destroços da carroça, deduziu que por lá eles haviam passado. Neste exato momento, dentro de uma euforia incontrolável, o perseguidor soltou um grito que mais se assemelhava ao uivo de lobo chegando perto da presa. Gritou com todo o ar que continha nos pulmões, por ter encontrado uma pista da fugitiva. A neve não tinha escondido a carroça e ela estava intacta, o que o fez desconfiar do pouco tempo do ocorrido, e rumou em direção única.

Ao relinchar do cavalo do perseguidor, os três entraram na mata e ficaram escondidos sob árvores, que cobriam quase até o chão. Rosnan viu adiante uma valeta grande e mandou Natasha se esconder dentro dela. Seu Pedro falou ao rapaz:

— Não só ela, você também vai se esconder lá, e puxe a folhagem sobre vocês.

— E o senhor? — os dois amigos perguntaram ao mesmo tempo.

— Eu ficarei e, se eles me descobrirem, direi que fui passar a noite de Natal com parentes. Se me maltratarem, tenho comigo o meu revólver para defender vocês, usarei se for preciso. Vão rápido se esconder — falou, apressando os jovens.

Seu Pedro segurava o cavalo para ele não fazer barulho, mas o animal, ao ouvir a voz de comando do algoz, se assustou e saiu correndo mato adentro.

— Vulcão, pega! Inimigo! Preto, pega o inimigo. — Era a voz do perseguidor, homem de estatura grande, armado e soltando as rédeas que prendiam os dois cães, para irem em busca da presa.

Vulcão saiu na direção do seu Pedro, enquanto Preto farejava o chão. Quando seu Pedro viu a fera vindo em sua direção, pegou o revólver e atirou, mas na hora o cão se mexeu e o tiro acertou o inimigo feroz, que foi atingido bem no peito, caindo morto no chão. O cachorro avançou sobre Pedro, derrubando-o no chão e estraçalhando-lhe o braço. Mal deu tempo de Pedro atirar no animal e logo em seguida o outro atingiu-o bem no rosto, fazendo Pedro largar a arma, que caiu no chão.

Rosnan, vendo essa cena grotesca, saiu do buraco, pegou o revólver e atirou no cão que mordia a perna de Pedro. Foi um tiro tremido, mas certeiro. Em segundos o cão selvagem estava estirado no chão, perto do dono e do outro animal. A luta estava terminada. Natasha saiu aos gritos do buraco e se atirou sobre seu Pedro, chorando e gritando por ver o sofrimento dele.

— Rosnan, corra, chame um médico — suplicava Natasha, diante do sofrimento do amigo.

— Natasha, por favor, ajude-me. Não há médico, temos que tentar achar alguém para nos ajudar.

Os dois pegaram seu Pedro, que gritava de dor, e colocaram-no bem longe dos mortos. Arrumaram um lugar onde o pobre velho não visse aquela trágica cena.

— Seu Pedro, tenha coragem, vou correndo procurar ajuda. — Rosnan falou, chorando ao ver o estado em que ficou o amigo defensor deles.

— Rosnan, tenho medo, não quero ficar sozinha.

— É preciso. Tenha coragem. Seu Pedro está muito mal.

Natasha, vendo novamente todo o sofrimento do pobre homem, respondeu com firmeza:

— Sim, vá correndo, não demore.

Natasha, sozinha com seu Pedro, tentava conversar para desviar a atenção da dor, mas ele somente pedia:

— Reze, minha filha, reze muito.

— Ajudai-nos, meu Deus. Por favor, ajude seu Pedro. Não deixe que ele sofra, acalmai as suas dores.

O coração de seu Pedro não estava aguentando mais. A dor era muito forte e ele desmaiou. Natasha gritou, desesperada.

— Seu Pedro, acorde. Oh, meu Deus, o que eu faço? Olhe o sangue saindo dele, o osso da perna está aparecendo. Meu Deus, não aguento mais.

Nisso, seu Pedro recobrou o sentido e disse baixinho:

— Natasha, minha filha, Kolosk ama você e espera-a... A bota, está na bota, o e...

— Seu Pedro não morra, por favor, não agora seu Pedro. — Natasha deixou o corpo no chão e correu para ver se via o companheiro. Começou a gritar como louca:

— Rosnan, volte, seu Pedro está morrendo — mas Rosnan

não a ouviu, buscando a ajuda que não achava.

Natasha voltou para perto do seu Pedro, tirou o casaco e cobriu o seu corpo, pondo a cabeça dele em seu colo. Chorava, dizendo:

— Meu Deus, salve o seu Pedro. Ele veio para me ajudar, não deixe que isso aconteça.

Ela não olhava para os lados, com medo de ver o cadáver do perseguidor.

— Está escuro. Eu tenho medo. Rosnan, apareça, por Deus.

Natasha rezava, sem saber o que dizia, e chorava em pânico. Quanto tempo ficou a rezar não saberia dizer. Nisso ela ouviu um barulho e, pensando que fosse Rosnan, se virou e viu o cavalo do seu Pedro, que voltava.

E de repente vislumbrou que atrás vinha o amigo bailarino.

— Você voltou. Seu Pedro está morto. — Aterrorizada, chorava e gritava.

Nisto, Rosnan se aproximou e, não ouvindo tudo o que a companheira havia falado, devido à distância que estava, perguntou:

— Natasha, o que aconteceu? Por que você tirou o seu casaco neste frio todo? E seu Pedro, está desmaiado?

— Morto... morto... morto! — Natasha continuou a gritar como louca. Rosnan, vendo que a amiga estava fora de si, diante de tanta desgraça, esbofeteou-a para que voltasse à razão.

— Minha amiga, estamos sozinhos. Seu Pedro cuidou de nós, agora vamos cuidar dele.

— Como? Vamos abandoná-lo aqui sozinho? — perguntou, quase aos gritos, a pobre moça.

— Natasha, ajude a colocar o corpo de seu Pedro na valeta

em que nós estávamos. Vamos cobri-lo com galhos, para que os animais não o achem.

— Rosnan, seu Pedro falou, antes de morrer, sobre a bota dele. Por que será? O que ele queria dizer? — lembrou Natasha.

— Talvez quisesse que você tirasse a bota, devia estar machucando ainda mais a perna destroçada pelo cão.

— Não... Talvez estivesse pedindo para o enterrarmos com ela — deduziu a amiga.

— É... Vamos colocá-lo na valeta com bota e tudo — respondeu Rosnan, pegando o corpo de Pedro.

— Antes vamos fazer uma oração por ele. Era tão católico e gostaria de ter a bênção de um padre nesta hora.

— Meu Deus, receba a alma de seu Pedro no céu...

— Amém — respondeu Rosnan.

Quando terminaram o "enterro", pegaram os cavalos do seu Pedro e do perseguidor e seguiram viagem, sem mesmo saber ao certo qual era o rumo.

O dia estava clareando e os dois estavam muito cansados.

— Rosnan, não aguento mais. Vamos parar um pouco e dormir.

— Sim, minha querida — concordou Rosnan. — Vamos descansar.

Rosnan saiu por perto, para ver se via alguma coisa que pudessem comer, mas, nada achando, tomaram um gole de vodca e resolveram dormir no chão encharcado de neve, que cessara mas deixara o solo coberto de gelo. Rosnan estendera a capa grossa de couro, revestida de lã de carneiro e, sobre ela, os dois deitaram. Por cima, cobriram-se com a manta de pele, presente de Kolosk para Natasha naquele inverno, e assim dormiram abraçados de tanto cansaço, só acordando duas horas depois.

Seguiram viagem por mata fechada, até que encontraram o tal rio. A noite veio, comeram um pedaço de pão da ceia de Natasha, que Rosnan lembrara de pegar, e dormiram do mesmo jeito. Desta vez, porém, ele fez uma fogueira para espantar os bichos que por ventura aparecessem. Seria mais um dia longo, sob a neve e o frio, até que chegou o terceiro dia, quando avistaram o rio grande.

— Rosnan, olhe o rio grande de que seu Pedro falou.

— Já estamos fora da Rússia — exclamou o amigo — Vamos esperar anoitecer e atravessaremos o rio da nossa vida. Depois, em terra firme, pediremos carona para os viajantes que passarem, atravessando este país até chegar na divisa da Polônia.

— Estou com fé de que será uma vida feliz — suspirou Natasha, pensando em Kolosk.

Ainda tinham o final do pão e da água e se alimentaram, esperando a noite chegar. De madrugada, foram até a beira do rio e, como Pedro falara, lá estavam os barcos dos pescadores, parados. Com medo de serem descobertos, subiram rapidamente em um dos barcos e começaram a remar rio adentro, em busca da liberdade.

CAPÍTULO 19

Masvisc Sandlars

O rio foi navegado por eles com muito nervosismo e expectativa. Tinham que remar sem fazer muito barulho, e já faltava aos dois forças nos braços para conduzir os lemes. Estavam cansados, famintos; todos os acontecimentos do caminho haviam minado suas energias.

Nunca um rio fora tão comprido para ser atravessado, pensavam os dois companheiros o tempo todo. Havia necessidade de percorrer ainda no escuro da noite, para não serem vistos pelos guardas da fronteira do novo país, que se ligava com a Polônia.

Natasha rezava baixinho o tempo todo e Rosnan apenas dizia "Deus ajude a chegarmos salvos". Assim navegaram até esvair todas as forças em seus corpos. Quando estavam quase do outro lado do rio, Natasha falou, chorando de dor:

— Rosnan, não aguento mais... Não tenho mais forças, meus braços não obedecem ao comando, estou quase desmaiando. Rezei tanto e pedi para que Deus nos ajudasse, mas acho que Ele nos esqueceu. Quero dormir, descansar.

Rosnan viu que a amiga realmente não estava bem e, com medo que ela desmaiasse, parou um pouco e fez Natasha deitar no chão espremido do barco. Cobriu-a com a capa de couro e fez carinho em seus cabelos, para que se sentisse protegida.

— Durma um pouco, minha querida. Tomarei conta do barco e remarei mais lento, para chegarmos ao nosso destino.

— Será, Rosnan, que teremos um destino pela frente?

— Você sempre foi lutadora e destemida, não vai agora fraquejar.

Natasha dormiu por mais de uma hora, sentindo-se amparada pelo amigo. Sonhou com Kolosk esperando-a do outro lado do rio. Misturado com este sonho bom, logo se via lutando com o inimigo da estrada e novamente a morte de Pedro veio-lhe em cena, despertando atormentada e gritando o nome de Kolosk.

— Wladim, onde está você?

— Natasha, tenha calma. Estamos chegando, mais uns quinze minutos e estaremos em terra firme.

Os primeiros raios solares começavam a surgir, e foi lindo o espetáculo que ambos presenciaram naquela manhã de tantas incertezas.

— Veja, Natasha, o sol dando a sua presença nesta manhã. Parece até uma cena de balé. Todo o palco repleto de luzes e o público aplaudindo a nossa entrada.

Natasha recordou os dias de espetáculos, viu a comparação e achou que tinha tudo a ver, mas não teve ânimo para curtir a frase linda do amigo e ficou em silêncio.

Rosnan procurou aportar em um canto do rio longe do local dos pescadores. Escolheu um lugar com árvores pequenas, mas de galhos abundantes e caídos sobre as margens. Chegou bem devagar e encostou o barco na beira barrenta do rio. Muito rápido, tirou Natasha de dentro dele, infiltrando-se pela mata em busca do vilarejo.

Andaram por volta de um quilômetro no novo território, e caíram deitados sobre o mato, nem mesmo sentindo os gravetos a lhes espetarem a pele.

O cansaço era tanto que não dormiram, desmaiaram.

Quando acordaram, estavam mais fortalecidos, embora a fome lhes maltratasse o estômago. Colheram algumas frutinhas silvestres e comeram.

Caminharam assim até um vilarejo próximo de onde estavam, entraram em uma taberna e tomaram leite quente com biscoito. Após o lanche, pediram informações ao dono do estabelecimento, de como chegar até a estrada principal da cidade. Poucos instantes depois de entenderem o trajeto, que era curto, estavam os dois jovens pedindo carona às carroças que passavam. Ficaram quase uma tarde inteira, até que um carroceiro, trazendo com ele alguns porcos, parou e deu carona até praticamente a fronteira com a Polônia. Natasha viajou enjoada o tempo todo, por causa do cheiro, mas aguentou firme, não deixando os companheiros perceberem.

Tiveram que descer antes da fronteira, pois o carroceiro iria para outro caminho. Agradeceram e sentaram à beira da estrada, à espera de outra carona.

A Polônia já estava perto, bastava ter um pouco mais de paciência.

Essa perseverança fez com que eles esperassem a nova ajuda, que não tardou. No dia seguinte, pela manhã, os dois bailarinos foram deixados no vilarejo que tinham pedido ao viajante, que se despediu desejando aos dois boa sorte.

Quando desceram da carroça, estavam quebrados, por causa dos solavancos da estrada. Seu Pedro havia ensinado como chegarem à casa do irmão.

Começaram a andar e a perguntar por Masvisc.

Natasha ficou com a responsabilidade de falar, uma vez que conhecia o dialeto polonês. Logo que ela indagou sobre o paradeiro dele a uma senhora de certa idade, foi de pronto atendida.

— Masvisc... É um homem bom, todos conhecem Masvisc

— depois de falar do irmão de Pedro, a senhora ensinou aos dois como encontrar a casa dele.

Tudo era novidade para os dois e, embora cansados e famintos, iam conversando:

— Você está achando tudo novidade? Mas eu sei que você é polaca.

— A cidade onde nasci é do outro lado. Nunca ouvi falar desta região aqui, então para mim é novidade mesmo.

Depois de percorrerem um bom trecho do vilarejo, chegaram enfim ao endereço do irmão de seu Pedro.

A entrada da casa de Masvisc era ornamentada por um corredor de plantas, que no final dava na porta da casa dele. O chão era de terra batida, com folhagens formando uma alameda, dando um ar romântico à casa, que era grande, porém simples. Janelas amplas, pintadas de azul; a casa toda caiada de branco.

O cachorro perdigueiro que brincava com o voo de uma ave, parou e latiu com a presença dos dois estranhos, o que fez Masvisc sair e, alegremente, receber os forasteiros.

— Senhor... — falou Natasha, sendo interrompida pelo dono da casa.

— Já esperava por vocês há algum tempo — e, estendendo as mãos, cumprimentou os amigos com um fraternal sorriso.

— Senhor Masvisc, o seu irmão Pedro... — Natasha foi novamente interrompida pelo hospedeiro.

— Pedro já veio me dizer adeus e senti a sua preocupação com você. Prometi que faria tudo para ajudar. Bem, agora vamos entrar, vocês parecem precisar de um banho e de uma comidinha quente e caseira.

Os dois amigos ficaram intrigados com o "Pedro já veio me dizer adeus". Não compreenderam as palavras do novo amigo. Como ele ficou sabendo da morte de Pedro? Porém, como não tinham intimidade, ficaram quietos e nada perguntaram a respeito.

Depois de se banharem, dentro da modesta casa, mas com toda a higiene que o hospedeiro fazia existir, os dois recém-chegados ficaram refeitos do cansaço causado pela longa e complicada viagem.

A mesa posta com toalha branca de tecido comum, mantinha sobre si os pratos e talheres à espera dos visitantes. Em um canto, uma pequena mesinha aparadora segurava os copos ao lado das garrafas de refresco de frutas naturais da região.

Masvisc, com um avental branco amarrado na cintura, estava todo serviçal, contente em atender os amigos de seu irmão Pedro.

— Não sou um especialista em cozinha, mas desde que minha mulher partiu, eu tive que aprender a cozinhar.

— Sua esposa foi para onde? — perguntou Natasha, ingenuamente.

— Para a pátria espiritual.

Vendo que a moça não tinha entendido sua resposta, tratou logo de explicar melhor:

— Minha filha, posso assim chamá-la, pois poderia ser minha filha. Se ela tivesse sobrevivido ao parto complicado... Quando falei em pátria espiritual, quis dizer que ela morreu há menos de cinco anos. Mas não fique triste, ela está bem, muito bem. Enfim, ela continua ajudando os enfermos lá em "cima", como já fazia aqui em "baixo". — Sorriu ao fazer essas comparações e, em seguida, conduziu-os para a mesa e serviu-lhes o jantar, simples mas bem temperado e quentinho.

Durante o jantar, Masvisc contou parte de sua vida, desde que se separou do irmão querido. Pedro era o irmão mais velho e Masvisc tinha por ele muito respeito e amor.

— A única diferença entre nós é que ele não acreditava em minha crença. Pedro era muito católico e desconhecia as coisas do mundo espiritual, mas era uma alma boa e cumpridora de seus deveres. Ajudou muito ao filho, quase se anulando para que ele sobrevivesse em São Petersburgo dignamente, o que não era da índole do filho. Isso o entristecia muito. Fiel servidor da Igreja, amava tudo o que lá fazia e orava com fé. Penso que vai aprender com rapidez as coisa do mundo espiritual, pois Deus é o mesmo em todas as religiões. Ele é o Pai Eterno de todos nós, que a tudo vê e nos abençoa sempre com a maior graça, que é a dádiva da vida. Vocês querem coisa melhor do que acordar e ver o sol raiando e nos trazendo um novo dia?

— E se o dia for complicado ou estivermos doentes? — perguntou Natasha sobre a fala de Masvisc.

— O simples fato de termos um novo dia já é uma bênção. As complicações existem, porque nos envolvemos em emoções e, não passando pelo crivo da nossa razão, tomamos partido de lados que não escolheríamos com calma e discernimento. Como as complicações, as doenças se abrigam dentro de nosso corpo ou de nossa mente, quando lhe damos guarida. Ao levantarmos todas as manhãs, devemos pedir ao Pai que nos abençoe e nos dê um dia de paz. Lutar contra as dores e as indisposições é dever de todos nós que queremos viver bem. Se olharmos para o nosso corpo e emitirmos pensamentos negativos sobre ele, com certeza ficaremos doentes. Os pensamentos comandam toda a nossa vida, por isso devemos colocar dentro das nossas cabecinhas somente ideias boas. Vamos nos ocupar de sermos bons e de fazermos boas obras em favor de nosso semelhante e de nós mesmos. É o que Deus espera de cada um, seja qual for a religião que estivermos seguindo.

— O senhor é feliz, bem se vê... — Rosnan estava emocionado com a lição de vida que recebera, e quis expressar a sua observação sobre o novo amigo.

— Felicidade se faz, meu amigo. Não se ganha e nem se compra, adquire-se. Você escolhe ser feliz ou não. Quando minha Gertrudes desencarnou, eu sofri muito, porém dentro do meu sofrimento, perguntei ao Pai: "Senhor, é justo que com a morte de minha amada esposa, eu também morra para a vida? Sei que não é isso que o Senhor espera de mim, então me dê forças para superar essa fase difícil". Quando acabei de orar com toda a minha alma, adormeci e sonhei com Gertrudes, que chegava triste, dizendo:

"Meu querido Masvisc, por que sofre tanto assim? Por acaso não foi bom viver comigo todos esses anos? O Pai Eterno nos presenteou com tantas horas de felicidade e você esquece tudo, só porque o tempo nos separou? Saudade também tenho de você, mas acredito no Pai e sei que será um afastamento temporário. As minhas lembranças não são suficientes para acalmar o seu coração? Não podemos interromper este fluxo, são as leis imutáveis de Deus. E o seu trabalho junto aos carentes? As pessoas sofrem com chagas grandes a dilacerar o corpo e você se preocupa com elas. O que é a saudade? Deus lhe deu o dom de curar. Vá ao encontro dos que precisam e não sofrerá mais a saudade, nem sentirá solidão caso se entregue ao trabalho. O trabalho é a terapia abençoada pelo Pai. Quem se entrega ao trabalho bendito de assistir os necessitados, não sofre de solidão nem de tristezas. Vá, meu querido, quero continuar feliz por ter feito parte de sua vida e estarei sempre ao seu lado nesta caminhada abençoada."

— Natasha, não chore, vai deixar o nosso amigo encabulado — falou Rosnan, quando viu lágrimas nos olhos dela, no final da narração.

— É que eu me lembrei de... — parou sem completar o que ia dizer.

— Não precisa falar, minha amiga. São as lembranças do coração de quem ama, eu entendo bem. Vem cá e me dê um abraço.

Depois do abraço, Natasha sorriu, agradeceu o carinho e, cansada, falou:

— Sabe, nasci aqui na Polônia, mas essa região eu não conhecia e nem imaginei vir a conhecer deste jeito. Masvisc, posso me retirar para dormir? Estou muito cansada.

— Claro, minha filha, a cama já está arrumada para você. Rosnan dormirá aqui na sala, pois só disponho de dois quartos.

— Está ótimo — respondeu amigavelmente Rosnan.

— Então, boa noite, meus filhos. E durmam bem.

O ano de 1899 entrara sem que eles percebessem, devido a tantos contratempos que surgiram em suas vidas. Desde a noite trágica da fuga, até a chegada deles à Polônia, havia passado mais de dois meses, e a convivência com Masvisc se tornara fraternal. Aprendiam, a cada dia, novas maneiras de viver e de agradecer a Deus por toda bênção.

Os jovens haviam cogitado de ir para a América, o ponto mais indicado para eles, uma vez que Natasha se lembrava das palavras de Kolosk na noite da despedida. Todavia, não tinham certeza disso. O anfitrião, acolhendo a decisão deles, tratou logo de providenciar os preparativos para a viagem.

Masvisc conseguira arrumar um senhor estrangeiro que vivia em sua cidade, para ensinar inglês aos dois jovens. Nicolau Zantini era o nome do novo professor, descendente de espanhol e italiano que nascera no Canadá, local onde seus pais escolheram, depois de se casarem, para morar e começar vida nova. Culto, falava quatro idiomas: inglês, italiano, espanhol e polonês.

— Seu Nicolau, por que o senhor decidiu vir morar na Polônia? Não gostava do Canadá? — perguntou Natasha, em seu primeiro dia de aula.

— Natasha, a vida nos prepara grandes e inesperadas mudanças. Quando me aposentei, pensei que iria viver tranquilamente a minha velhice no Canadá, minha terra natal. Amo a vida de lá, mas...

— Mas, o que aconteceu ao senhor? — perguntou Natasha, assustada.

— Meu único filho foi transferido, através de seu serviço, para a Polônia, e minha nora é muito doente, não tendo condições de cuidar de meus dois netos, que ainda não completaram 12 anos. Assim, foi minha mulher quem criou as crianças desde que nasceram.

— Entendo, agora. Mas o que ela tem de tão grave?

— Quando jovenzinha, contraiu uma tuberculose e teve de ficar em tratamento por muito tempo. Embora já curada, ficou debilitada e, quando engravidou, seu parto teve complicações, o que agravou mais ainda a sua saúde. Mesmo assim, após um ano do primogênito ter nascido, ela engravidou do caçula, dando a ele as suas poucas energias. É uma mãe feliz e, desde que conheceu o seu Masvisc, aprendeu a aceitar sua condição de vida e entender suas limitações. Ela sempre costuma dizer: "Não tenho muita saúde, mas tenho o suficiente para fazer roupinhas de enxoval para os bebês carentes. Quando estou costurando, não sinto dores e nem penso na minha saúde. Fico somente imaginando os futuros bebês vestidos com o que eu fiz e faço com amor." Assim, ela vive feliz e nos faz felizes também. Todavia, precisa tomar cuidado com qualquer mudança de tempo, pois uma simples gripe se transforma em pneumonia e nós temos medo que seu pulmão se torne doente. Você sabe, a tuberculose é coisa muito séria.

— Deus me livre — Natasha se benzeu, como que se livrando da doença. — Essa doença mata mesmo, além do que faz com a pessoa. É impressionante ver uma pessoa com essa doença, o sangue sai pela boca a cada tossida que der. Eu vi uma senhora assim, quando fui visitar minha ama Anne no hospital. É muito triste, mas vamos mudar de assunto, vamos para nossa aula de hoje. Antes, quero dizer que esse inglês é muito difícil.

— Tudo o que não sabemos se torna complicado de aprender, mas é preciso ter perseverança e paciência. Não temos muito tempo, assim vou começar a ensinar para vocês o que precisarão logo ao chegar à América, as coisas básicas da língua inglesa. Depois, com o convívio diário, vocês aprenderão rapidamente. São jovens e tudo é mais fácil para vocês.

— Masvisc, como você conheceu seu Nicolau? — Natasha ficara impressionada com a história do velho professor.

— Através de sua nora. O sofrimento dela fez toda a família voltar-se para as coisas espirituais. Todos naquela casa são prestativos com o próximo, eles me ajudam muito em minhas campanhas com os doentes. É bonito ver como eles vivem. A esposa de seu Nicolau está sempre cantando, alegre em seus afazeres domésticos, existe paz e amor naquele lar, pois todos são fraternos e se respeitam. Quando eu os visito, sinto uma vibração de serenidade e de amor, que chega ser uma bênção para mim. Vou lá para dar minha contribuição e saio abençoado por eles.

Rosnan, aprendendo como ser útil para com todos e vendo que Natasha vivia deprimida por estar longe de Kolosk, resolveu também contribuir com a sua arte, ensinando para as crianças da redondeza. Assim, a amiga também se distrairia e faria um bem para as crianças do vilarejo. E, estando ocupada, sentiria menos a falta do amado.

— Natasha, cada um aqui faz alguma coisa para o próximo. Nas leituras do evangelho que fazemos na casa de

Masvisc aprendemos isso. Vamos também praticar a caridade em favor de outros?

— Não sinto nenhuma vontade, mas já que você quer assim, vamos. — Como quer fazer? — perguntou Natasha.

— Dando aulas de dança.

— Mas eles não vão nunca ser bailarinos, morando aqui neste fim de mundo — respondeu, debochando do amigo.

— Não importa se serão ou não bailarinos. Vamos fazer com que eles sejam felizes e, não importa o tempo que for, sempre ficará dentro deles esses encontros de amizade que lhes proporcionaremos. A dança beneficia não somente o corpo, mas trabalha também com a mente. Cada hora que eles passarem aqui conosco, estarão ocupados com coisas boas e não estarão fazendo traquinagem. Também a energia física e mental será trabalhada, e ampliaremos a visão deles para um outro mundo: o da arte. Quem sabe um dia eles sigam para locais que tenham academias, e se tornem virtuosos da dança. E profissionais responsáveis.

— É, você tem toda razão, a dança é a expressão de nossa alma para com Deus. Quando dançamos, os nossos sentimentos estão voltados para as coisas belas da vida e somos felizes. Quando rodopio o meu corpo, dentro de um espaço feito de sensibilidade, é como se estivesse voando, tal como os pássaros. Os movimentos da dança nos dão a sensação de liberdade da alma. Quem dança com amor, com certeza deve estar mais perto do Criador. Através da dança, emitimos para todos a beleza e a sensibilidade que trazemos dentro de nós. Sabe, Rosnan, acho que aguento estar longe de Wladim, porque todos os dias exercito o meu corpo e minha mente através da dança. Mesmo aqui, distante de salões apropriados, faz-me bem exercitar através do balé. Mesmo não tendo todo o equipamento de dança, danço aqui no quintal e me sinto dentro da escola de bailado de São Petersburgo. Com um detalhe importantíssimo: sem a presença das colegas "venenosas" que existem por lá.

Riu ao dizer essa frase, lembrando da ex-escola de bailados e de Macarovich, a quem não conseguia esquecer.

Assim foi que destinaram um tempo a essas aulas, e todas as crianças participavam contentes dentro do grupo. Grandes talentos eram descobertos pelos dois bailarinos, que se faziam de professores naquele momento.

Mesmo feliz com as aulas, quando se via sozinha, Natasha ficava triste ao lembrar de Kolosk, e se alimentava muito pouco, fazendo com que o amigo Masvisc se preocupasse com ela todos os dias, na hora das refeições.

Um dia, após o culto do evangelho no lar, Natasha perguntou a Masvisc sobre o dia em que eles chegaram. Ela relembrava a frase que ele pronunciara ao vê-los e ficara espantada quando ele, avistando-os, disse: "Já esperava por vocês há algum tempo."

— Como você sabia de nossa vinda? E por que falou que o seu irmão Pedro veio se despedir de você? Como começou tudo isso em sua vida?

— Natasha quer saber como você consegue entender essas coisas que não são deste mundo — falou Rosnan, também intrigado com tudo.

— Quando Jesus disse-nos "na casa de meu Pai tem muitas moradas", ele explicava, que muitos são os mundos criados pelo Pai. Quando morremos, não morre o nosso espírito, pois ele vive além da morte física. A vida não acaba no cemitério, ela continua e, para cada religião, ela tem um destino. Nós que cremos na imortalidade da alma e na pluralidade das existências, sabemos que continuamos vivos em outra dimensão. Vivemos através de nosso espírito, a motriz, inteligência que Deus nos deu.

— O senhor sempre acreditou em tudo isso? — Natasha estava querendo saber mais; Rosnan somente ouvia, sem perguntar.

— Cresci dentro dos preceitos católicos. Minha família sempre foi muito crente em Deus e minha mãe era muito fervorosa. Amava todos os santos da igreja e nos criou ensinando a rezar, a ir à missa. Mesmo dentro de sua simplicidade, já ensinava que Deus não castiga ninguém. Ensinou-nos a amar e a respeitar Deus. Dizia: "Se vocês fizerem algo de errado, serão vocês mesmos que irão sofrer pelo remorso e se castigarão sozinhos". Nós seguíamos a nossa mãe, pois foi ela quem nos criou sozinha. Meu pai morreu muito cedo, e minha mãe batalhou para nos criar.

— Senhor Masvisc, conheço algumas histórias de santos católicos que tiveram visões. O próprio apóstolo Paulo de Tarso (São Paulo) viu Jesus às portas de Damasco. — Rosnan, envolvido com a narrativa de Masvisc, lembrou do episódio bíblico, interrompendo o amigo.

— Bem lembrado, Rosnan, bem lembrado. Mas, voltando à minha história, cresci sempre acreditando em Deus, em Jesus e em todos os santos. Um dia, já casado, estava sentado no meu quintal a olhar o céu, numa noite de lua cheia. Algumas poucas estrelas cintilando e a presença majestosa da rainha da noite, dando-nos o luar forte, claro e brilhante, formando sombras bem delineadas das copas das árvores pelo chão. Admirava toda essa beleza do Criador, quando vi chegar um casal, ofegante e cansado, pedindo socorro.

"— Senhor, pelo amor de Deus, nos ajude." — falava a mulher, chorando e tremendo muito.

"— Sim, meu amigo, ajude meus filhos, que estão sofrendo muito lá na estrada e precisam de socorro. Do contrário, irão morrer. Eles são tão jovens, precisam viver." — falou o marido.

— Onde eles estão? — perguntei, aflito.

"— Na barragem do rio. A carroça virou por cima deles e estão presos nas ferragens. Corra, meu amigo, corra."

"— Por Deus, senhor, salve meus filhinhos." — a mãe chorosa gritava.

— Não sei que força impulsionou-me a correr, sem mesmo esperar pelos pais dos meninos. Era apenas o desejo de salvar as crianças. Eu era forte e meus braços suportariam levantar a carroça. Já havia feito esforços maiores em minha vida, e haveria de trazer os meninos com vida. A lua clareava o caminho que me levaria à beira do rio e esse caminho nunca antes me pareceu tão longo. Quando lá cheguei, vi a grande carroça de pernas para o ar e as crianças presas. Graças a Deus ambos estavam desmaiados, com sangue manchando os seus corpinhos por causa dos ferimentos. Quase desmaiei, pois imaginei que, se fossem meus filhos, estaria sofrendo como aqueles pobres pais. Na hora em que me recordei dos pais, lembrei que eles não haviam vindo comigo, e pensei: "Não tiveram coragem para ver de novo essa cena, pobres criaturas, como estão sofrendo." Fiz força como um gigante e, enquanto levantava a carroça, olhava para o céu e pedia a Deus que me desse força suficiente para retirar as crianças. Consegui empurrar os destroços da pesada carroça. Mas qual foi a minha surpresa quando, embaixo dela, estavam não somente as crianças, mas também dois corpos esmagados de adultos. Quando olhei bem, era justamente o casal que tinha ido me procurar. Não conseguia pensar em nada mais naquele momento, pois tinha que retirar as crianças. Elas estavam vivas, o casal não. Levei os dois para a casa do padre Paulo, que era a mais próxima do local. Enquanto ele limpava as crianças, fui até o doutor Estevão e trouxe-o às pressas. Ele tratou dos pequenos por vários meses, em conjunto com o padre Paulo. Depois levei os dois para a minha casa e lá ficaram até se restabelecerem por completo. Hoje eles vivem com saúde na casa de uma tia que mora aqui no vilarejo, são rapazes já feitos e, sempre que me veem, recebo um abraço como o que se dá em um pai. Fico todo radiante de emoção.

— Então, os pais deles, depois de mortos, vieram buscá-lo para salvar os filhos? — Natasha estava abismada com a história; Rosnan nem falava, de tanto espanto.

— A vida continua, minha querida. Não acaba com a morte do corpo físico. Acredito que pais responsáveis e amorosos, estejam onde estiverem, socorrerão seus filhos, ultrapassando as barreiras da vida física. Assim foi que comecei a acreditar na sobrevivência da alma. Há pouco tempo, encontrei uma conterrânea que veio da França e estava lendo "O Livro dos Espíritos", de um professor e cientista chamado de Allan Kardec. Depois que contei esse caso, ela emprestou o livro para eu estudar e entender essa sobrevivência da alma.

— E nunca mais essas pessoas apareceram para o senhor? — perguntou Rosnan.

— Nunca mais. Penso que deveriam ser pessoas muito boas, para terem esse mérito de vir buscar socorro para seus filhos. E eu devia estar em sintonia com Deus, pois olhava o céu e admirava a Sua grandeza. Isso é uma maneira de rezar e, naquela noite, fui feito de instrumento para salvar os pequenos. Depois disso, percebi que era meu dever ajudar a socorrer os necessitados. Então começaram a me chamar e passei a me dedicar aos doentes.

— Foi isso que o seu irmão Pedro fez? Veio pedir ajuda para nós? — perguntou Natasha.

— Sim. Pedro era meu irmão de fé, entendia-me até por pensamentos e, com certeza preocupado com vocês e assumindo uma paternidade espontânea, veio me pedir para ajudá-los. Aproveitou para se despedir de mim. Ele dizia que não acreditava na sobrevivência da alma, mas eu sei que ele entendia mais que eu de tudo. Sempre foi cumpridor de todos os deveres de um bom cristão. Serviu à igreja com amor e fidelidade até os últimos dias em que lá esteve. Deve estar bem na pátria espiritual. Foi um servo fiel aqui na terra.

— Nossa... Quanta coisa existe que desconhecemos — falou Rosnan.

— Sabe, minha mãe acredita também. Ela também lê os livros de Kardec. Acho mesmo que ela suporta tudo o que meu pai faz, porque tem um conhecimento maior que o nosso. Sem dúvida é uma alma boa. Hoje avalio tudo, agora que estou longe dela — comentou a moça, ao lembrar-se da mãe.

— Nunca se está longe de ninguém, estamos ligados pelo amor. Esse é o laço maior de envolvimento do ser humano. Bem, a noite se faz alta e a hora de dormir se faz presente. Amanhã será outro dia e novas oportunidades surgirão para todos nós.

— Posso dar um beijo no senhor? — perguntou Natasha, emocionada.

— Já aprendi a amar vocês como se fossem meus filhos. Dê-me o seu beijo.

— Boa-noite, senhor Masvisc. Obrigado por contar a sua história — despediu-se Rosnan, indo dormir.

— Boa-noite queridos, e durmam bem. Que Deus nos abençoe nesta noite e sempre.

Passaram alguns dias após essa conversa. Certa manhã, Rosnan vendo que Natasha não vinha para a mesa do café, ficou preocupado e foi até o quarto. Lá chegando, viu a amiga deitada, ardendo em febre e tossindo muito.

— Natasha, o que você tem?

— Nada, Rosnan. Deixe-me dormir mais. Daqui a pouco eu me levanto.

Ele foi depressa até a pequena oficina do seu Masvisc e o trouxe, explicando o que estava acontecendo.

— Calma Rosnan, ela vai ficar boa. Natasha precisa se alimentar mais, está muito fraca e por isso fica debilitada, pegando sempre resfriado ou gripe. Para quem se alimenta, isso é passageiro, todavia torna-se grave para o debilitado, mas vamos cuidar de nossa amiguinha.

Aquela semana foi corrida para Rosnan, que teve que dar aulas de balé sozinho e cuidar de Natasha junto a seu Masvisc.

À noite, antes do jantar, Masvisc se reunia com Rosnan e orava ao lado de Natasha, pedindo a Deus a cura para a moça.

No delírio causado pela febre, Natasha chamava por Wladim e Rosnan ficava triste pelo sofrimento da amiga.

— Como pode alguém amar tanto? — comentou o amigo.

— O amor deles ultrapassa o tempo — respondeu Masvisc.

— Como assim? — Rosnan não compreendeu o pensamento de Masvisc.

— Sabemos que vivemos diversas vidas, é a escala evolutiva. Nascer, morrer e renascer, essa é a lei. Só assim iremos aprender a viver todo o Evangelho de Jesus, pois Ele é o caminho, a verdade e a vida, e somente através Dele voltaremos um dia ao Criador, sem mácula, livres de todas as mazelas que trazemos na alma.

— Então Natasha já viveu com Kolosk outra vida? — perguntou Rosnan, incrédulo.

— Outra vida, não. Diversas vidas, com certeza, eles viveram juntos. Daí esse amor que, pelo tempo em que os dois estão juntos agora, não explica tanta afeição. Almas afins, almas gêmeas, quando se encontram, explodem de emoção. O tempo não apaga o sentimento, como não apaga as virtudes e as boas ações que fizermos. São os "tesouros que os ladrões não nos roubam", como disse Jesus. Mas nem sempre essas almas gêmeas, ao se encontrarem, ficam juntas, vivendo um grande amor. Muitas vezes, a prova para essas pessoas é justamente viverem separadas e suportarem com paciência a ausência do ente amado. A vida não é só amar e ser amado, muito mais é contribuir com a humanidade através do nosso amor fraternal, compreender as necessidades do próximo, crescer com as oportunidades de sermos úteis para outras pessoas que se sentem infelizes, ir mais além do amor que nos dá o prazer físico e adentrar a plenitude do amor cósmico.

— Mas, quando amamos, queremos ter a pessoa junto a nós — retrucou o jovem.

— Sim, Rosnan, você tem razão. É verdade. Quando isso acontece, é a bênção maior do Pai, pois o amor verdadeiro nos fortalece, nos sensibiliza, nos torna melhores, e todo homem feliz com sua vida torna-se melhor filho para Deus.

— Você acha que Natasha vai encontrar Kolosk?

— Não sou adivinho. Vamos esperar pelos acontecimentos e rogar ao Pai pelo futuro dos dois.

Natasha, já recuperada, mostrava-se aflita por não ter notícias de Kolosk.

Sentia-se sozinha, embora Rosnan sempre estivesse ao seu lado. Seu coração estava angustiado pela falta do companheiro e a distância complicava ainda mais a separação.

— Onde estará ele, meu Deus? Como chegarei perto dele? Como procurar, sendo a América tão grande e nada tendo que me indique seu paradeiro?

Natasha procurou Rosnan e falou-lhe:

— Rosnan, precisamos partir. Não estou aguentando mais ficar aqui, longe de Wladim.

— Mas como você pretende encontrá-lo?

— Naquela noite em que ele veio me ver, sem eu saber, ele estava se despedindo e trouxe-me o relógio de música como presente, lembra?

— Acha que não ouço você ao lado do relógio, durante a madrugada. Até decorei a música — brincou o companheiro.

— É a única coisa que me faz sentir perto dele. Abraço o relógio, porque tem o toque dele, e sinto como se ele estivesse ao meu lado.

— Sim, mas onde encontrá-lo? — insistiu Rosnan.

— Antes de ir embora ele disse que, a cada hora que o relógio marcasse, estaria pensando em mim, na América ou mesmo na Ásia. — Natasha relembrava as palavras do amado.

— América? Mas... onde?

— Não sei... Acho que o seu Pedro sabia o endereço, mas não teve tempo de me falar. Uma vez ele disse que tinha um amigo padre ou bispo, não me lembro bem, que morava no Canadá. Será que ele foi para lá?

— Bem, primeiro teremos que arranjar os nossos novos documentos, não podemos entrar na América com os nomes russos, pois deixamos inimigos na Rússia que estão atrás de nós, esqueceu?

— Claro que não, quem pode esquecer aquele dia em que fugimos? Foi a noite de Natal mais triste da minha vida.

— Vamos esquecer isso. — Rosnan, vendo que Natasha ficara triste, tentou mudar o rumo da conversa. — Bem, o jeito é falar com Masvisc, que prometeu arrumar os documentos, quando nós estivéssemos prontos para partir.

— Estou pronta! — falou Natasha, com firmeza e convicção.

— Meu Deus, vocês nem falam inglês ainda, como querem ir embora? — lembrou o amigo, preocupado.

— Masvisc, nós decidimos hoje. Natasha está aflita para encontrar Kolosk e eu temo que ela fique doente de tanta saudade. Também é bom lembrar que estamos aqui há quase quatro meses.

— Rosnan, será difícil a vida de vocês na América. São estrangeiros e a crise também está por lá. Mas, se este é o melhor caminho para vocês, vou procurar uma pessoa que poderá cuidar de seus novos documentos. Só estou fazendo isso, porque conheço a história de vocês e em memória de meu irmão Pedro.

Naquele mesmo dia, os jovens bailarinos decidiram falar com o professor de inglês, contando sobre a partida.

— Vou sentir falta de vocês por aqui, não só eu, mas toda a garotada — falou, triste, o professor.

— Não falamos ainda com os pequenos — disse Rosnan, emocionado com o senhor Nicolau, por quem já nutria profunda amizade.

— Ainda teremos alguns dias para dar aulas e devagar iremos preparando os nossos pequenos alunos para a despedida — Natasha tentou amenizar a preocupação do professor.

— Bem, então só me resta preparar alguma coisa a mais para vocês decorarem, uma vez que não terão tempo para aprender todo o idioma da América.

— Nós seremos eternamente gratos por tudo que o senhor está fazendo.

— Sim, Rosnan tem toda a razão. Seremos gratos para sempre, seu Nicolau.

Os dias passaram céleres, mal dando para conversarem à noite, após o jantar, de tão cansados que estavam. Masvisc já sentia saudade dos jovens hóspedes e Natasha não se continha de tanta euforia. Rosnan, preocupado, alertava:

— Natasha, nós não sabemos se vamos encontrar o seu Wladim. Calma, não sonhe tanto.

— Eu sei que vou encontrar o meu Wladim, eu sei — respondeu, alegre.

Os alunos de dança estavam todos tristes pela partida de seus mestres e, na véspera da viagem, fizeram uma surpresa para os professores.

Quando eles jantavam, ouviram uma música que vinha da bandinha criada para acompanhar as aulas das crianças no quintal. Correram para fora da casa e, abismados, viram pais e amigos em pé, e se juntaram a eles, aplaudindo com entusiasmo o pequeno evento das crianças. Ao centro, os alunos começaram a executar uma coreografia feita por eles mesmos. Traziam flores coloridas nas mãos e, ao terminarem a dança, entregaram aos professores. Natasha chorava de emoção e Rosnan, segurando as lágrimas, falou pelos dois:

— Minhas crianças, nem podem imaginar o quanto nos fazem felizes com essa dança em nossa homenagem. Mostraram que aprenderam com amor o que com amor ensinamos. Serão lembrados sempre em nossos corações. Obrigado por todo esse carinho.

Natasha, depois de enxugar as lágrimas e após o beijo das crianças, falou aos pais:

— Queridos pais, nós agradecemos o apoio que recebemos dos senhores em relação às aulas de dança. Vocês viram o quanto eles aprenderam em tão pouco tempo. Viram também que todos eles possuem talentos para as artes. Quando houver oportunidade de eles fazerem alguma atividade artística, não percam tempo, incentivem a arte. Essa é a maneira de fazermos de nossos filhos pessoas melhores em sentimentos.

Masvisc já providenciara chá para todos, e o pequeno evento virou festa, que foi até altas horas da noite. Todos foram dormir felizes.

A manhã despertava com a brisa da primavera e algumas flores, já abertas, cumprimentavam Natasha, que se arrumava nervosa para a viagem.

— Bom-dia, Natasha, está bem? Ou muito ansiosa com a viagem? — perguntou Masvisc.

— Sim, gostaria que o navio saísse aqui de seu quintal — falou, brincando com a piada.

— Seria bom, mas infelizmente vocês terão que viajar até o porto. Espero que o coche não judie muito de vocês, com o chacoalhar nas estradas cheias de buracos.

— Estamos bem, primeiro o chacoalhar do coche e depois o marear do navio — falou Rosnan, rindo.

— Tudo vai dar certo, Rosnan, vamos nos adaptar com tudo. E aí, estou bonita? — Natasha deu voltinhas, para mostrar o traje de viagem.

— Muito linda! — disse Masvisc, sem mostrar que seus olhos estavam marejados por causa da despedida.

Ao sair, os dois hóspedes olharam tudo com muito amor, pois sabiam que nunca mais voltariam àquele lugar. Sentiam que realmente era uma despedida e os três choraram, ao se abraçarem.

— Que Deus os abençoe, meus filhos. Saibam que fui muito feliz com a vinda de vocês. Lembrem que, em minhas orações, estarei sempre pedindo ao Pai por vocês. Um dia nos encontraremos na pátria espiritual.

— Vou me casar com Kolosk, serei rica e virei visitar você, Masvisc — disse comovida a jovem hóspede.

Masvisc sorriu, tristemente, e ambos partiram rumo à América.

A estação era pequena e a multidão grande para pegarem os coches que os levariam ao porto de Gdanski, para navegarem sobre o mar Báltico.

Eram diversos coches, destinados a levar os futuros imigrantes para a terra nova.

Depois de se acomodarem dentro dos veículos, todos saíram juntos, rumo ao porto.

Pela pequena janela do coche, Natasha olhava tudo e chorava pela despedida de Masvisc.

— Não chore, ele ficará bem. E nós temos o nosso destino: o seu é Kolosk; o meu, a Broadway.

— Vai seguir carreira, meu amigo? — Natasha sorriu, ao debochar do companheiro.

— Terei o melhor contrato, pode acreditar! E, se quiser, você e o Kolosk poderão vir para a minha companhia de dança; eu deixarei...

— Bobo! — Natasha esqueceu a tristeza e começou a sonhar com o encontro com Kolosk.

No final do segundo dia de viagem, os coches pararam no lugar determinado ao desembarque, que não era muito perto do porto, mas ninguém via obstáculo nisso, de tanta expectativa para pegarem o navio. Todos desceram em busca de seus destinos.

Não foi difícil para os bailarinos encontrarem o porto. E quando lá chegaram, viram o navio à espera deles. Começaram a correr, com medo de que o navio zarpasse. Quando se deu conta, Rosnan falou, ofegante, para a amiga:

— Calma, Natasha, o navio não vai sair agora. Pelos bilhetes que Masvisc nos deu, ele só partirá às 22 horas, e são 19 horas ainda.

— Vamos, Rosnan. Quero entrar no navio. Quando estivermos lá dentro, aí então eu sossego, antes não. Corra homem, corra — e Rosnan teve que apressar o passo, para acompanhar a moça.

— Senhor, onde é a nossa cabine? — Natasha, já dentro do navio, perguntava a um dos tripulantes. O homem, depois de ler o bilhete, apontou as escadarias e disse:

— A terceira classe é lá para baixo — e logo se virou, para atender outros passageiros que pediam informação.

— Rosnan, você sabia que era de terceira classe a nossa viagem? — perguntou Natasha, decepcionada.

— Você acha que Masvisc teria dinheiro para pagar uma primeira classe para nós? Você esqueceu que trouxemos muito pouco dinheiro e que gastamos na viagem, até chegar à casa de Masvisc? Não sobrou nada, até o dinheiro que trouxemos para esta viagem foi dado pelo nosso amigo polonês, tirado de suas economias, somente para nos ajudar a chegar ao nosso destino. E saiba que teremos que tomar cuidado, pois poderemos fazer apenas uma refeição por dia.

Natasha calou-se, envergonhada, e seguiu a orientação, descendo em busca de sua cabine.

Depois de arrumarem as poucas bagagens dentro da minúscula repartição, voltaram para a proa do navio, para verem a partida e darem adeus à Polônia de Masvisc. Começaram a sonhar em "ganhar a América".

Os dois logo fizeram amizade com as pessoas que viajavam com eles, e distraíam os viajantes com suas danças, o que os deixava menos ansiosos.

As crianças logo se aproximaram e pediram para aprender as danças que eles faziam. Os pais, vendo a alegria dos pequenos, agradeciam aos jovens, repartindo com eles a comida que tinham.

Certa noite, enquanto dormiam, Natasha começou a gritar assustada, acordando Rosnan, que ficou preocupado.

"— Mãe... Onde está você? Por que eu não a vejo nitidamente? Você está chorando por quê? Mãe..." — Natasha chorava agitada na cama, e Rosnan, vendo o sofrimento dela, começou a despertá-la:

— Natasha... Acorde, meu bem... Natasha, isto é um sonho, acorde, por favor.

— Rosnan? Por que você está me segurando? — ele a apertava entre os braços. — O que eu fiz? — perguntou a moça, assustada.

— Você chorava e gritava por sua mãe. O que foi que você sonhou?

— Sonhei que minha mãe estava aqui no navio, mas eu mal conseguia vê-la. Ela não estava contente comigo. Perguntei e ela logo me respondeu: "— Filha, não vá para a América, fique junto a mim, eu vou cuidar de você. Lembra da cidade da torre torta?[14] Nós estamos lá. Venha, não quero que você sofra. Meus amigos espirituais estão me prevenindo, você precisa de ajuda. Venha, filha querida, venha."

— Que sonho estranho... Que terra é essa de torre torta? — indagou Rosnan.

— Deve ser a Itália. Eles sempre falavam de lá, mas isto é bobagem de minha cabeça. Nem eu sei para onde eles realmente foram.

— Mas numa coisa ela está certa: essa sua tosse está me preocupando — advertiu o amigo.

[14] Torre inclinada de Pisa, na Itália.

— É o final da gripe que peguei, ainda não sarei de tudo e ficou a tosse. Porém, tosse todo mundo tem. Pare de pensar bobagem, eu estou forte como um touro e tenho que estar bem, para encontrar o meu Wladim.

— Será que você nunca vai esquecê-lo?

— Como podemos esquecer o amor de nossa vida? Nem que eu viva milhões de outras vidas, se isso for possível.

Os dias foram passando e Natasha ficava mais triste a cada dia, pela saudade que sentia de Kolosk. Rosnan tentava alegrá-la de todas as maneiras, mas ela só se sentia bem quando estava dançando para as crianças e seus pais.

— Essa garota nasceu para a dança — falou para Rosnan um dos pais, que assistia Natasha dançar uma dança húngara.

— Sim, ela ama dançar — respondeu o rapaz, com os olhos firmes nos passos leves e sensíveis da amiga.

— E você a ama muito, não é? — o mesmo senhor, observando os dois jovens, voltou a comentar, e Rosnan ficou imediatamente ruborizado.

— Ela é minha amiga, senhor, minha amiga...

— Não minta para o seu coração, você a ama e muito — assim que acabou de falar, retirou-se e seguiu a voz da mulher, que o chamava para um lanche, deixando Rosnan a pensar.

"Será que amo Natasha?" — pensava confuso. — "Sempre pensei que fossemos ligados pela dança e pela amizade, nada mais. Será?"

— Rosnan você gostou da minha dança húngara? — Natasha sentou ao lado do amigo, quase sem fôlego, e encostando a cabeça em seu ombro, disse:

— Sabe, enquanto eu dançava, somente via Wladim em minha frente. Por isso dancei como nunca essa música.

— É, eu imaginei, pela alegria estampada em seu rosto.

— Meu querido, depois de Wladim você é a pessoa mais importante em minha vida. Sabe... gosto muito de você!

Rosnan sentiu em seu peito uma dor profunda, guardando mais uma vez a tristeza de um amor não correspondido. Ele a amava, mesmo sabendo que nunca passaria de um simples amigo.

— Natasha, está tarde e todos já se retiraram para os aposentos. Está serenando e você ainda está tossindo. Vamos entrar e dormir, você precisa descansar.

— Rosnan, olhe o céu como está lindo. Lá em cima, o azul coberto de estrelas, e aqui embaixo, o azul da água do mar. — Natasha puxou Rosnan e fez com que ele também deitasse em um dos colchonetes, para juntos olharem o céu, coberto pelo brilho das estrelas. — Lá está a constelação de Escorpião; mais para frente, a de Carneiro; quantos mundos devem existir lá em cima.

— Ninguém sabe ao certo, é tudo pura imaginação, nada está comprovado — falou Rosnan, abrindo a boca de sono. — Vamos deixar os astros para outro dia e dormir.

— Eu gostaria de poder voar, só para ir ao encontro das estrelas e tocá-las, ficando brilhante como elas.

— Nem chegaria perto, morreria queimada — quando falou essa frase, começou a rir, debochando da jovem sonhadora.

— Credo, não posso nem sonhar que você já vem com a realidade? É melhor mesmo irmos deitar. Você não tem sensibilidade para ver e ouvir as estrelas.

Certo dia em que faltou água para beber na terceira classe, Rosnan foi para o andar de cima buscar água para Natasha, quando viu um senhor ensaiando umas coristas. Parou e ficou observando o ensaio.

— O jovem perdeu alguma coisa aqui? — falou rispidamente o coreógrafo para Rosnan, que tremeu de medo que o expulsasse de lá.

— Desculpe, senhor, é que também sou bailarino.

— Bailarino russo, pelo sotaque do polonês que mal fala. Meninas, parem um pouco e vão descansar, para voltar daqui a meia hora. Bem rapaz, conte-me o que faz neste navio? Sou Edward, *mister* Edward.

Rosnan contou-lhe sua ida junto com Natasha para a América, porém sem entrar em detalhes, e da necessidade de ambos encontrarem trabalho lá.

— Onde está a garota? Quero conhecê-la. Quem sabe vocês entram para o novo espetáculo que estamos montando em Nova York. Essas três moças foram encomendadas para um outro teatro, este é o motivo de estar coreografando. Ao chegarmos, já estarão prontas para o espetáculo.

Rosnan não perdendo tempo, retirou-se e foi buscar Natasha, apresentando-a ao *mister* Edward, que simpatizou com os dois e reconheceu o talento dos bailarinos.

— Precisamos mudar toda a concepção de dança. Lá em Nova York não vão precisar do balé clássico. Terão de aprender algo mais, embora o balé clássico seja sempre a base de tudo. Vou preparar vocês.

— Mas como vamos pagar, se nada temos? — perguntou Natasha.

— No primeiro mês, do ordenado que receberem, ficam com 40% e a outra parte será minha. Tudo bem?

Os dois se olharam, sabendo que estavam sendo roubados, mas o mais importante no momento era ter um trabalho para sobreviverem.

— Teremos casa e comida? — perguntou Rosnan.

— Não sou Papai Noel. Vocês terão que se arrumar sozinhos. No final da viagem, vou dar a vocês um endereço onde deverão me procurar quando estiverem alojados. Aí trataremos do serviço.

À noite, sentados no convés, os dois conversavam:

— Natasha, o que você achou de nosso novo amigo?

— Amigo, com certeza não é, mas precisa de nós e nós precisamos dele. Temos que confiar, com os olhos bem abertos. É melhor do que nada, pois não conhecemos ninguém. Talvez ele seja para nós um caminho, quem sabe.

— É... vamos esperar.

Mister Edward começou a preparar os dois bailarinos russos, como ele os chamava, e os ensaios tomavam longas horas, cansativas e cheias de repetições. O público do navio já não tinha mais as danças dos dois jovens como distração. Tampouco sobrava tempo para eles brincarem com as crianças. Eles se desculpavam, dizendo que estavam se preparando para novos trabalhos na América.

A dança era diferente do que costumavam dançar. O balé clássico era o que eles realmente amavam, mas a sobrevivência exigia essa mudança. Como profissionais que eram, haveriam de aprender a ser o melhor dentro da nova experiência.

Os dias foram se passando e a América chegando mais perto. Certa manhã, já vestidos para descerem, avistaram a Estátua da Liberdade. Estavam na terra dos sonhos, a América.

Os corações de todos no navio estavam esperançosos. Sonhos, ambições, encontro com entes queridos que há muito não viam, cada qual tinha uma história. Rosnan esperando um lugar ao sol dentro do mundo artístico, Natasha esperando encontrar Kolosk e ser feliz para sempre.

As despedidas foram tristes e cheias de promessas que nunca se cumpririam.

Desejos de felicidades a esvaírem de seus corações. Foi assim que os dois russos pisaram pela primeira vez no solo de Nova York, e quase desmaiaram de tanta felicidade.

Não sabiam onde olhar. Olhavam para a Estátua da Liberdade a dar-lhes as boas-vindas, no mesmo momento em que olhavam para os edifícios. Do outro lado, viam os coches e as carruagens, alguns já andando sem os cavalos, usando quatro rodas feitas de grandes aros. Tudo era novidade e deslumbramento.

Após o delírio natural do desconhecido, refeitos e lúcidos, começaram a luta na nova terra.

CAPÍTULO 20

Na virada do século em Nova York

Os imigrantes que aportavam na ilha de Manhattam tinham que ficar em quarentena, por vários motivos, não somente os que se referiam aos documentos. Saúde, filiação e parentesco eram algumas das preocupações da Nova América. Todavia, o lugar na ilha era tão lindo, que tudo se tornava mais fácil de aceitar.

Para os dois jovens russos, embora com os sobrenomes mudados, não foi muito complicado. Eram saudáveis, jovens e cultos, por mais que não dominassem o idioma. Era comum filhos de americanos nascerem fora do país, e depois voltarem sem os pais para os Estados Unidos da América.

Assim foi que Rosnan e Natasha se hospedaram com certa tranquilidade na ilha.

O coreógrafo que estava no navio, sendo americano, foi logo liberado para descer. Mal deu tempo de se despedirem, mas o endereço ele já havia deixado com os dois, dias antes de chegarem.

Os dois estrangeiros, como muitos outros imigrantes, não tiravam os olhos de um ponto único: a Estátua da Liberdade. Era a melhor imagem, e não se cansavam de olhar o monumento grandioso, que enriquecia toda a paisagem da ilha. Curiosos em saber tudo da nova terra, perguntaram a um dos empregados, que falava muito mal o russo, mas que explicou o significado do fabuloso monumento:

— Esta estátua foi presente do governo da França para nós, americanos. Faz pouco tempo que enfeita a nossa cidade, mas realmente é muito linda e muito nos honra.

Natasha e Rosnan aproveitavam o tempo para ouvir e tentar entender as pessoas que trabalhavam na ilha. Essa era a maneira que tinham para estudar inglês. Mas não deixavam de treinar as coreografias que aprenderam no navio. Ansiavam pelo emprego nos teatros de Nova York, e dançar era a única coisa que sabiam fazer sem o conhecimento da língua inglesa. Como Natasha dizia: "a dança é a linguagem através do movimento".

Passaram a quarentena ouvindo a língua inglesa e vasculhando todos os cantos da bela ilha, olhando e sonhando de longe com a nova cidade, a cidade dos sonhos.

Chegou finalmente o dia em que foram liberados da ilha e desceram à cidade. O sol estava ardente, e andar pelas ruas carregando as malas não foi muito agradável.

— Rosnan, será que está longe este bairro da Broadway? — Natasha estava abatida, e o final da gripe que pegou na Polônia não queria deixá-la.

— Calma, minha querida. Mais alguns quarteirões e chegaremos a nosso destino — respondeu, notando a face cansada da amiga. Neste instante avistou um bar e levou-a para tomar um café. — Veja, Natasha, um bar com bolinhos doces. Vamos entrar, tomar café e comer.

— Não temos dinheiro. Com o que você vai pagar? — perguntou, assustada.

— Não se preocupe — disse, tirando do bolso algumas notas e mostrando a Natasha. — Fique descansada, podemos comer tranquilos. É claro que um bolinho para cada um, somente. — Os dois riram da situação.

No bar, depois do café, Rosnan pediu licença para que os dois pudessem usar o banheiro e também pediu informação de onde ficava o teatro indicado pelo coreógrafo americano. Caminharam mais uma hora até chegarem ao destino final.

A Broadway era calma e tranquila naquela hora, pois passava das 12h30min e, com certeza, os artistas e frequentadores de teatro ainda estavam dormindo.

A fachada do teatro, já de início, impressionou os recém-chegados. Cartazes com belas fotos do espetáculo e do elenco, agradavam a todos que olhassem.

Natasha ficou petrificada com toda aquela demonstração e se imaginou dentro de tudo aquilo, tão diferente dos "tutus"[15] dos balés clássicos.

Rosnan percebeu o encantamento e perguntou:

— Já imaginou você vestindo um traje rico destes?

— Era o que eu estava pensando. Até hoje, só usei os trajes dos balés e não consigo me ver desta forma. Mas com certeza me adaptarei, é preciso.

Neste momento, dentro do pensamento ela lembrou de Kolosk e pensou consigo: — Por ele farei qualquer sacrifício, preciso estar aqui e encontrar o meu amor.

Rosnan não sabia o que a amiga pensava e, largando-a, foi até a porta, mostrou o papel com o nome do coreógrafo para um funcionário que limpava a entrada do teatro e demonstrou, dançando, que era um bailarino que viera para trabalhar no teatro.

— *Mister* Edward ainda não chegou.

— O quê? — falou Rosnan, pois era a única coisa que falava bem em inglês.

O moço viu que os dois eram estrangeiros, então explicou mais uma vez, soletrando e fazendo gestos.

[15] Vestidos de tule com armação, próprios para balés clássicos.

— *Mister* Edward não está aqui. Mais tarde, mais tarde.

Os jovens sentaram na calçada da rua e ficaram a esperar o coreógrafo.

O funcionário, vendo que os dois não saíam, ficou com pena, pois o sol estava muito forte. Levou os artistas para dentro do teatro e fez com que eles esperassem pelo diretor do espetáculo.

Passaram-se mais de duas horas, quando o coreógrafo e diretor chegou, encontrando quase que dormindo os dois bailarinos, tamanho era o cansaço deles.

— Olá, vocês chegaram... Até que enfim. Achei que tinham se perdido em Nova York. Bem, vamos lá. — Olhou para os dois bailarinos russos dos pés à cabeça e fez careta, reparando o estado horrível em que eles se encontravam.

— Meu Deus, vocês estão horríveis! Olhe para você — dirigiu-se a Natasha.

— Você está com aparência de doente.

— Mas não estou doente, senhor — respondeu a moça, não gostando de como ele falou.

— *Mister* Edward, nós estamos cansados e precisamos de um bom banho e uma boa cama. Em poucas horas estaremos refeitos — Rosnan tentou amenizar a situação.

— Terão que ficar nos fundos do teatro neste primeiro mês — no que falou essa frase, já estava conduzindo os dois para os fundos.

— Não podemos antes conhecer o palco, a plateia? — perguntou Natasha, curiosa por ver como era o teatro da Broadway.

— Amanhã, quando vocês acordarem, terão todo o tempo para conhecer todas as dependências do teatro. Agora quero vocês limpos, alimentados e descansados. Ou pensam que o público vai pagar o ingresso para ver artistas feios? Aqui, meus queridos, tudo tem que ser muito glamuroso, chique, bonito e repleto de arte e perfeição.

Obedecendo, eles foram andando pelos corredores escuros que contornavam o palco e as coxias.[16] De vez em quando tropeçavam em pequenos objetos espalhados pelo chão. *Mister* Edward, percebendo, falou:

— O que é? Até parece que nunca andaram por trás de um palco.

Os dois amigos não gostaram do tom agressivo. Um olhou para o outro e engoliram a grosseria. Continuaram a segui-lo, até descerem uma escada que os levou ao andar de baixo, uma espécie de porão.

— Aqui está o quarto. Deste lado está o banheiro com chuveiro frio, mas como está fazendo muito calor, não será tão ruim assim.

Eles entraram dentro de um minúsculo quarto, com dois colchões jogados no chão, um armário pequeno e uma mesinha ao lado. Tinha uma janelinha que dava para o quintal do terreno do teatro. Edward percebeu a decepção dos bailarinos e falou, raivosamente:

— O que esperavam receber? Uma dependência de rainha? Sim, talvez por ser russa, se julga uma czarina e você, meu rapaz, um czar — deu uma risada alta, debochada, o que deixou os dois russos mais indignados ainda.

— Olhe, senhor, não viemos aqui para receber insultos...

Natasha, vendo que Rosnan se alterara, tomou a frente da situação: — Está bem, senhor, desculpe Rosnan. Ele está cansado, nós estamos cansados, mas está tudo muito bom.

[16] Entradas laterais para o palco.

— Mandarei entregar para vocês lanches e água. Não saiam deste quarto até amanhã.

Natasha arrumou todas as roupas dentro do armário, enquanto Rosnan tomava banho primeiro. Quando saiu, notou o quarto já com outra cara, mais bem arrumado.

— Estendi em cada colchão uma toalha de banho, pois não temos lençóis.

Natasha fazia tudo com carinho, pois percebera que Rosnan ficara bravo com o diretor, e continuou a conversar:
— Rosnan, mais um mês, nós teremos o salário e poderemos mudar para outro lugar.

— Ele está pensando que é o dono do mundo? — falava o moço, ainda nervoso com o diretor.

Quando Natasha terminou o banho, já havia chegado o lanche e duas garrafas de água. Eles comeram e deitaram em seguida. A noite estava chegando e os passos apressados dos artistas já se faziam ouvir no teto baixo do quarto, misturados com as vozes abafadas pela divisão das paredes.

Natasha relembrou o teatro imperial e a correria dos bailarinos antes de entrar em cena, e adormeceu com essa lembrança, tamanho era o cansaço que ela tinha e a tosse persistente que não havia meio de ir embora.

No dia seguinte ambos estavam bem melhor.

— Uma boa noite de sono recupera qualquer um — dizia Rosnan, espreguiçando-se.

— Dormi tão pesado, que nem sonhei com Wladim — respondeu Natasha.

— Vamos subir e procurar alguém para nos indicar o que fazer. Ainda são 9 horas e o elenco deve estar dormindo, bem como o nosso querido coreógrafo e diretor — Rosnan falou, lembrando-se da falta de cortesia do diretor.

Como não tinham nada para fazer, foram andar pelas ruas ao redor do teatro e conhecer o povo nova-iorquino. Prestavam atenção a tudo e procuravam ouvir bem o que eles falavam, para melhor entender o idioma. Natasha, além deste pormenor, olhava muito para todos os lados, com a esperança de encontrar Kolosk.

Entravam nos bares e pediam, em inglês, café com leite e pão. Era o que sabiam. Outra frase era "onde fica a rua...". E assim andaram com muita animação, só parando quando Rosnan olhou o relógio.

— Meu Deus, já são 16 horas, vamos acelerar os nossos passos, se não quisermos ouvir sermão do "*mister* Edward".

Sendo o primeiro dia, o diretor apresentou os dois russos ao assistente dele, um coreógrafo chamado David, tão mal-humorado quanto o chefe.

— Vocês vão participar dos ensaios por quatro dias, e acompanharão as apresentações à noite, para irem tomando conhecimento de tudo. No quinto dia, serão colocados em cena, e coitados de vocês se errarem. Sei que são profissionais e espero muito bom desempenho. Edward disse-me que andou dando algumas aulas de nossas coreografias lá no navio. Vai ser fácil, pois não terão destaque logo de início, mas vão se familiarizando com o nosso público, que é bem exigente.

Tudo era deslumbramento para eles, diferente de São Petersburgo. As músicas modernas e bem agitadas. Cantores fortes e orquestra pequena, mas que no conjunto cresciam e se misturavam com a dança. Cenários bem coloridos, casa sempre lotada e o histerismo dos diretores e coreógrafos, a gritar com todos do elenco.

No intervalo daquela primeira noite, Natasha olhou pela janela de um dos camarins que dava para a rua, e ficou pasma com o que vira: Nova York à noite. Luzes a piscar a cada instante, mostrando imagens e nomes de seus produtos. Tudo era grandioso demais para ela. Teve até medo de olhar mais, achava que a cidade, de tão bonita, se tornava dantesca e assustadora.

Tinha a impressão que iria ser engolida por todas aquelas luzes. Saiu rapidamente de perto da janela, para sentir-se segura. Logo soou a campainha e ela aquietou-se, para assistir ao espetáculo. Tinha necessidade de aprender e conhecer tudo, pois logo estaria sobre o palco.

Foi assim que passaram os dez primeiros dias de aprendizado no teatro.

A dança não foi problema pra eles, que surpreenderam David e Edward, além dos outros bailarinos que logo perceberam o talento dos dois novos colegas. Receberam-nos com amizade e, sempre que podiam, corrigiam os dois russos, ensinando o idioma inglês. Logo começaram a falar a língua dos americanos; muito mal, mas falavam e conseguiam se comunicar. Sempre que conseguiam se expressar, um lembrava para o outro o quanto as lições do professor Nicolau foram boas.

Passado o aprendizado e as primeiras experiências junto ao musical, os dois bailarinos já se encontravam entrosados dentro do contexto da companhia.

Natasha tinha muita graça e sensibilidade ao executar os passos das coreografias, que aprendera em tão pouco tempo.

Rosnan admirava cada vez mais a amiga. Um dia, depois do espetáculo, chamou Natasha e lhe deu um grande abraço.

— O que é isso? — perguntou a amiga, sem entender o porquê daquele abraço tão afetuoso.

— Sabe que a adoro e que sou orgulhoso de ver que você é admirada por todos. Você realmente é uma grande artista. Fico pensando que, se você tivesse ficado em São Petersburgo, não teria crescido artisticamente. Lá havia muitas "primeiras-bailarinas" e favoritas dos coreógrafos, ficando quase impossível uma chance para você, mesmo sendo a predileta de Kolosk.

Natasha, ao ouvir esse comentário, ficou nervosa e brava com ele.

— Rosnan... Como ousa falar assim de Kolosk? Nunca fui a sua favorita, sou o seu único amor.

Rosnan ficou se desculpando por ter empregado mal a frase e, vendo que Natasha ficara triste, tentou consertar a situação:

— Minha querida, sabe bem que não quis ofendê-la. Quero muito bem a você, para fazer alguma indelicadeza.

O mês passou e os amigos, já com o salário recebido, trataram logo de procurar um apartamento pequeno para morar.

Andaram muito pelas ruas de Nova York e redondezas do teatro, pois tinham que economizar dinheiro com condução. Falando com uma vendedora de flores que, certa noite estava na porta do teatro, ficaram sabendo de um apartamento no sótão de um prédio, não muito longe da Broadway. Esperaram até o dia seguinte e foram para lá antes do almoço, pois não podiam faltar aos ensaios da tarde.

O prédio era simples, de tijolinhos aparentes, e as portas e janelas eram cinzas. Tinha seis andares e, em cima do último andar, ficava o apartamento minúsculo a ser alugado.

Os dois subiram atrás do zelador os lances de escadas e, quando chegaram lá em cima, estavam ofegantes. Ambos pararam na porta antes de entrar, pegando fôlego.

— Como... Vocês não são bailarinos? Não dançam todos os dias, não estão em forma física? — perguntou o zelador, que soubera antes a profissão dos futuros pretendentes do apartamento. Eles ficaram ruborizados, diante da indagação do zelador.

— Sim, somos, mas é que não subimos degraus todos os dias. Esse exercício é novo para o nosso físico — respondeu Rosnan, se recuperando do cansaço.

— Já estamos refeitos. Podemos entrar? — Natasha perguntou logo em seguida, pois estava ansiosa para conhecer o novo lar, uma vez que logo na porta de entrada simpatizara com o prédio.

— Sim, façam o favor — respondeu o zelador.

A porta era pequena e Rosnan tivera que se abaixar para entrar. Natasha logo foi olhando tudo e abrindo a janela que tinha num canto da saleta. A surpresa foi grande e ela deu um grito, assustando Rosnan.

— O que foi, Natasha? — Rosnan saiu em sua direção, mas ela já havia se deslocado para uma porta, tentando abri-la.

— Rosnan, tem um jardim aqui em cima! É um terraço lindo, com flores e plantas. — Ela ficara deslumbrada com o jardim no terraço e com a vista para a cidade.

— Este jardim pertencia à senhora Antonieta, que morava aqui e gostava de jardinagem. Quando se mudou, chorou muito ao deixá-lo — explicou o funcionário do prédio.

O terraço era grande, pois pegava parte do apartamento de baixo. Nele ficava a caixa de luz de todos os moradores, mas o local estava coberto por alguns vasos, que disfarçavam os fios. O contorno do jardim era de cimento, onde era possível se debruçar e olhar lá embaixo a cidade. Ao longe se via um pedaço do grande parque.[17] As torres das igrejas entre as ruas, casas e pequenos prédios, tudo era visto claramente dali de cima.

— É impressionante... é maravilhoso! — exclamava a moça, deslumbrada com a visão. — À noite deve ser lindo ver daqui as luzes da cidade, a lua, as estrelas cintilando no céu... Agora também estou pertinho do céu — rodopiou ao falar essa última frase, como se dançasse um verso.

— Senhores, vocês nem viram o apartamento e já gostaram

[17] Central Park, paisagistas Frederick Law Olmsted e Calvert Vaux, obra concluída em 1878.

dele? — falou o zelador, abismado pelo entusiasmo, pois eles não haviam ainda visto o quarto de dormir e o de banho.

— Claro, vamos conhecer o restante de nossa casa — falou a moça, entrando rapidamente. Rosnan a acompanhou de imediato e ficou feliz que a amiga tivesse gostado do local. Há tempos ele não via Natasha tão contente, feliz; nem se importou com o apartamento.

O quarto era pequeno e tinha somente uma cama de solteiro, pois duas não caberiam. Possuía uma janela de uns oitenta centímetros, que a antiga dona havia deixado com uma cortina branca transparente, igual à cortina que cobria a porta-balcão da sala, que dava para o terraço. No banheiro, mal cabia uma pessoa, mas tinha lavatório, vaso sanitário e chuveiro aquecido.

Era tudo o que eles precisavam. Estavam cansados de tomar banho frio no teatro. A saleta, já mobiliada, era bem simples, tendo um sofá que podia ser usado como cama, uma mesa redonda para duas pessoas fazerem as refeições, alguns quadrinhos pendurados nas paredes e um espelho de vidro barato, que dava para se olharem.

O aluguel dava bem para dividirem e, decididos, fecharam naquele mesmo dia o contrato, com medo de perderem o apartamento. A mudança foi tranquila, uma vez que somente tinham uma maleta cada um e o pacote do qual Natasha não se separava nunca: o "relógio", presente de Kolosk.

No teatro, todos ficaram contentes com a nova moradia dos bailarinos russos, e *mister* Edward foi desejar felicidades para a nova vida que os dois teriam em Nova York.

— Que a sorte lhes bata sempre à porta, e que vocês vivam felizes nesse apartamento por uns 100 anos. — todos riram com a piada do diretor. Logo depois, Natasha e Rosnan partiram para arrumar as coisas à sua maneira, aproveitando a folga de dois dias que tinham pela frente.

Não demoraram mais de duas horas e tudo estava no lugar, como eles queriam. Mudaram alguns quadrinhos e colocaram mais dois com paisagens da Rússia, que haviam encontrado numa feira beneficente.

Transferiram a mesa para perto da janela. Rosnan ficou com a sala para dormir e Natasha tinha o quarto para ela e seus pensamentos em Kolosk.

Em cima do criado-mudo, ao lado da cama, ela pusera o relógio e, cada vez que entrava no quarto, ligava a música para ouvir, segurando as lágrimas.

Não queria que Rosnan a visse chorando, não queria ver o amigo se entristecer por sua causa, e tentava sempre esconder a sua mágoa por estar longe de Wladim.

A saúde estava sempre delicada e a tosse continuava persistente. Rosnan cuidava de ministrar um chá que lhe indicaram como bom para curar qualquer tosse.

— Natasha, ao desarrumar a mala no teatro, encontrei esse livro, "O Evangelho Segundo o Espiritismo", de Allan Kardec. Com certeza foi Masvisc que colocou junto de minhas coisas... — Rosnan falava, ao mesmo tempo em que mostrava o livro para a amiga.

— É o livro que ele lia para nós nas noites de terça-feira, lembra? — falou comovida por lembrar-se do amigo querido da Polônia.

— Isso quer dizer que ele gostaria que nos lembrássemos de fazer as leituras, em nossa nova casa.

Rosnan aproveitou a oportunidade, pois notara que Natasha havia chorado e imaginou que a oração faria bem à amiga. Sentaram-se ao redor da mesa e, sobre ela, depositaram a jarra de água e o livro, que abriram ao acaso e leram o trecho "o óbolo da viúva".[18] Depois, Rosnan comentou:

— Veja, não é importante a quantia da doação, mas sim

a nossa intenção. A pobre viúva deu uma parte do pouco que tinha para o seu sustento e teve cuidado para que outras pessoas não vissem o seu gesto. Enquanto o fariseu, repleto de ouro, fez questão de esperar o olhar de todos da praça para depositar no gazofilácio[19] suas moedas de ouro. Com isso devemos aprender a fazer o bem, não esperando agradecimento da parte de ninguém. Sabemos sim, que Deus está vendo tudo.

Rosnan, enquanto falava, ficou com o tom de voz tão diferente, que Natasha comentou:

— Sabe, parecia até que você era outra pessoa enquanto falava. Acho que você poderia ser padre, em vez de bailarino.

— Padre? Lendo livro espírita? — brincou Rosnan com a amiga.

— Lendo o Evangelho de Jesus! Por acaso ele é diferente do Novo Testamento que está na Bíblia? São as mesmas parábolas de Jesus, contadas por seus discípulos. O homem é que faz a separação religiosa.

— Estou gostando de ver, está bem interessada na leitura — falou Rosnan, alegrando a amiga.

— Rosnan, na hora em que você estava fazendo a oração final, tive a impressão de ver Wladim perto de nós, mas não era aqui nesta sala. Estava em outro lugar, um campo, e ele tinha outra aparência, mas eu sabia que era ele.[20]

— Você está imaginando coisas, de tanto amor que sente por esse homem.

Rosnan não sabia o que falar para a amiga. Na verdade, o que gostaria de dizer é "esqueça esse homem, eu a amo de verdade".

Estavam entrando no outono, e o clima nostálgico da estação fortalecia no coração de Natasha a esperança de encontrar

[18] "O Evangelho Segundo o Espiritismo", cap. XIII.
[19] Urnas em que se depositavam donativos.
[20] Flashes de reminiscências do passado.

Wladim. Certa manhã, em que não conseguia dormir, levantou e, sem acordar Rosnan, foi caminhar pelas ruas, sem destino. Queria apenas espairecer um pouco.

Foi até o parque e caminhou por muito tempo sob as árvores frondosas, com os coloridos desbotados e luminosos que o outono trazia. Era tudo que estava precisando. Respirou fundo e sentou em um banco, observando as pessoas que por lá passavam.

— Será que estas pessoas sofrem de amor? — naquele instante, chorou baixinho de saudade do seu amado.

Foi nesse momento que ouviu o tanger do sino da igreja de São Pedro, e resolveu ir rezar, para pedir a Deus que a ajudasse a encontrar Wladim.

Saiu tão rápido, que mais parecia que ia pegar um trem, tamanha era a sua pressa em entrar na casa de Deus.

A majestosa porta estava se fechando, pois terminara a missa. Ficara a entrada lateral para os fiéis que a procurassem, como era o caso dela.

Os vitrais brilhavam com o pouco do fraco sol existente, mas a exuberância dos desenhos fez com que Natasha parasse e ficasse olhando para eles, até se dar conta que tinha entrado na igreja para rezar. Ajoelhou-se e, de mãos postas, orou fervorosamente a Deus:

— Meu Deus! Sei que nos ouve, ajuda-me, estou perdendo as forças e a esperança de encontrar Wladim e, se não o encontrar, que razão terei para viver? Senhor, não sei onde procurá-lo, dê-me uma ideia de como o encontrar. Ajude também Rosnan, ele é o irmão que não tive, não quero que sofra por minha causa. Faça com que eu sare desta tosse também, que está me perturbando muito. Sei que deve ser o estado de ansiedade e emoção que está me abalando, mas somente Wladim poderá me curar. O Senhor sabe o quanto o amo, ajude-me. Amém.

Natasha ficou por horas sentada no banco da igreja, até que o sacristão, vendo que ela estava lá por muito tempo, foi perguntar se estava tudo bem.

— Senhorita, está precisando de alguma coisa? Vejo que está há tempo sentada, e traz o rosto muito triste. O que posso fazer por você?

— Obrigada senhor, estou bem. É somente saudade, mas já estou indo embora. Adeus e obrigada.

Quando ela estava se dirigindo à porta, lembrou o quanto Kolosk era católico e correu até o sacristão, que de longe a olhava.

— Senhor, acho que pode me ajudar.

— Como, minha filha, diga — o idoso sacristão ficou prestativo, junto a ela.

— Entre os fiéis, conhece as famílias que participam de sua igreja? — perguntou, aflita e esperançosa.

— Sim, conheço a maioria. Faço parte desta igreja há muitos anos. Mas quem está procurando, qual o nome da família?

— Kolosk, Wladim Kolosk e sua esposa, Wera Kolosk.

Natasha ficou nervosa em falar o nome de Wera dentro da igreja, sabia de sua posição como esposa, enquanto ela era apenas a amada de Kolosk.

Não teve tempo nem para pensar, e o sacristão respondeu:

— Não tem nenhum membro desta igreja com este nome — falou, com firmeza.

— Tem certeza, Wladim Kolosk? — tornou a perguntar.

— Com certeza, senhorita. Esse é um nome russo e não esqueceria nunca. A senhorita também é russa, sei pelo sotaque, que é muito forte — notou o sacristão.

— Morei na Rússia, porém nasci na Polônia. Meu avó paterno era russo, assim sou também um pouco russa. Bem, já que o senhor não conhece essa pessoa, então irei embora. Mais uma vez obrigada por tudo.

Na rua, ela começou a pensar: — Como sou boba, ele deve ter trocado o sobrenome, como nós também fizemos. Não o acharei nunca.

Ao chegar em casa, Rosnan ainda estava dormindo e ela o acordou, pois as horas já se adiantavam e o coreógrafo não queria atrasos.

— Acorde, homem... Já passa das três da tarde, esqueceu que temos ensaio?

Natasha puxava a coberta de Rosnan, que sentou na cama, sem entender o que Natasha estava fazendo toda vestida. Caminhando para o teatro, Natasha ia contando o que fizera pela manhã.

— Não consigo entender porque Wladim não deixou o endereço de onde iria morar aqui na América. Recordo-me que perguntei ao senhor Pedro onde eu iria encontrar Wladim, e ele disse "espere e você saberá". Mas eu não soube nunca, e agora estou perdida. Não sei onde começar a procurar.

Rosnan abraçou a amiga e continuaram a caminhar em direção ao teatro.

Logo que chegaram, as luzes, a música e toda a magia das cenas envolveram a moça, que se entregou por completo à dança e, por horas, ficou aliviada de tanta pressão.

Naquela segunda-feira de final de outono, com o frio batendo em seus corpos, os dois amigos tomavam chá no terraço.

— Natasha, não acha que está frio demais para ficarmos tomando chá aqui fora? — perguntou Rosnan, preocupado com a saúde da amiga.

— Deixe de bobagem. Estou ótima e a vista daqui é muito linda. Olhe o céu, como está lindo e limpo, poucas nuvens a passear na imensidão.

Neste instante, Natasha parou de falar, levantou-se e debruçou na sacada, olhando a cidade toda.

Rosnan sabia que ela estava pensando em Kolosk e tentou distraí-la. Natasha, notando a preocupação, falou decididamente:

— Amanhã irei ao Canadá.

— Canadá? — Rosnan quase deu um grito. — Está louca?

— Vou procurar Wladim lá. Lembro que um dia ele me disse que tinha um amigo bispo morando no Canadá. Deve ter ido para lá.

— Não vou deixar você fazer essa loucura. Estamos quase entrando no inverno e você com esta tosse... Deve ficar longe do frio.

Natasha, vendo que o amigo ficou preocupado demais com a ideia da viagem, tentou disfarçar: — Bobagem, não irei ao Canadá, estava somente brincando.

Rosnan acreditou e convidou-a para jantar. O teatro dera aos dois férias de cinco dias. Foram passear e depois jantaram em um restaurante simples, que abrira perto da Broadway. Curtiram a noite, olhando os luminosos a piscar os nomes de seus produtos.

Quando chegaram em casa, Rosnan fez um chá, levou na cama para Natasha e deu-lhe um beijo de boa noite.

O dia ia alto quando Rosnan acordou. Depois de se lavar, fez o desjejum para os dois e levou na bandeja o de Natasha. Bateu na porta e ela não respondeu. Chamou mais uma vez e, vendo que nada acontecia, pegou na maçaneta e girou. A porta se abriu e Natasha não estava dentro do quarto.

Rosnan deixou cair a bandeja e gritou:

— Louca, foi para o Canadá... Meu Deus... O que fará lá?

Rosnan lembrou de Masvisc e fez uma oração, pedindo proteção para a companheira tresloucada.

Haviam passado três dias desde a viagem de Natasha para o Canadá, e Rosnan não tinha como conseguir notícias da amiga. Estava nervoso com a situação. O frio começara a aumentar. Era novembro e o inverno prometia ser rigoroso.

— Onde terá ido essa maluca, como pôde fazer isso comigo? Será que encontrou Kolosk? — as ideias de Rosnan estavam desconcertadas. Pensava em mil coisas ao mesmo tempo. — Meu Deus, ajude a minha Natasha, não deixe que ela sofra mais.

Só restava mesmo esperar por ela, e foi o que fez. Não saiu do apartamento, com medo que ela aparecesse e precisasse dele. Assim foi que mais um dia se passou e, no quinto dia, o último das férias deles, a porta se abriu e apareceu Natasha, abatida, triste e cansada.

Rosnan se adiantou e foi abraçá-la. Ela, chorando, abraçou forte o amigo e começou a relatar todo o ocorrido.

— Rosnan, meu amigo, não fique bravo comigo. Eu precisava ir, estava me sufocando a espera. Tinha que tentar encontrá-lo, mas foi tudo em vão. Cheguei lá na cidadezinha que me disseram que tinha bispos, e procurei em todas as igrejas. Entrei em muitas e perguntei por ele. Já não procurava mais pelo nome, apenas o descrevia, mas ninguém o conhecia. Somente em um lugar onde a igreja estava fechada, indicaram a casa paroquial. Fui até lá e o bom sacristão me deu alguma informação. Disse-me que havia um bispo que recebeu uma família de russos, mas que essa família permaneceu somente por dois meses, seguindo depois para Nova York. O bispo foi transferido para a Itália e nada mais o sacristão sabia me informar. Agradeci e voltei triste, pois estamos aqui há mais de seis meses e nem um dia deixei de procurar por ele. Ando pelas ruas, entro nos locais comerciais e pergunto se conhecem o meu Wladim, mas não o encontro. Penso mesmo que deve ter se mudado para outro país.

— Mas se ele estiver aqui em Nova York, será mais fácil encontrá-lo — Rosnan dava para a companheira querida uma esperança.

— Sei o quanto quer me ajudar, mas estou perdendo as forças e a esperança de encontrar Wladim. Agora o que eu preciso é de um bom banho e esquentar-me um pouco. Depois cairei na cama e só quero acordar amanhã, na hora de ir para o teatro.

Quando Natasha saiu do banho e entrou no quarto, estava sobre o criado-mudo a bandeja preparada pelo amigo prestativo e carinhoso. Torradas com geleia e chá com gotas de leite. Sobre o guardanapo, uma flor branca colhida do jardim.

— Rosnan! — gritou Natasha, chamando o amigo. — Por que este desvelo todo? Não quero que se preocupe comigo, não é meu pai, nem meu marido. Sossegue, homem!

— Sabe que a quero bem, mesmo sabendo que ama a outro homem — respondeu, brincando.

— Wladim dizia que bailarino só ama outro bailarino — respondeu Natasha, sorrindo.

— Justamente, amo outra bailarina. Poderia ser bailarino, mas é bailarina — retrucou Rosnan, consertando a ironia lembrada por Natasha.

Em cada ensaio, o coreógrafo David gritava, sem saber o que se passava com a moça russa.

— O que está se passando, Natasha? Vamos, quero esta

perna bem alta e este "plié"[21] até o chão. O salto deve ser mais alto, vamos, com energia — gritava ele.

Rosnan queria pular na garganta de David, mas Natasha segurava o amigo, dizendo baixinho:

— Calma, meu querido. Lembre que eu preciso dançar, é só o que me resta nesta vida. Não tire de mim esse único prazer.

E o amigo, compreendendo, se entregava ao ensaio, esquecendo o coreógrafo.

A neve começava a cair em Nova York. Natasha e Rosnan passeavam pelas ruas, colhendo flocos brancos e gelados, tal qual duas crianças.

— Veja, Rosnan, esta neve é tão fria quanto a da nossa Rússia — brincava Natasha, jogando sobre o amigo um punhado de neve.

— Bem se vê que já esqueceu a neve de nosso país — lembrava Rosnan, atirando também nela outro punhado de flocos brancos.

— Só estou brincando com você, meu querido.

E assim os dois caminhavam até chegar a casa, onde Rosnan fazia um delicioso chá para aquecer a companheira.

— Outra vez você, com este chá. Até parece que estou doente — falava Natasha, para descontrair a situação.

— Você não pode ficar exposta ao frio, não é bom. Lembre-se das recomendações do doutor Charles.

— Os médicos não são deuses — respondia Natasha, lembrando a frase de Rosnan no dia em que soube de sua doença.

---

[21] Passo básico do balé.

— Sim, não são, mas sabem o que é bom para a nossa saúde. E vamos tomar logo este chá e o remédio também — Natasha fez careta e tomou os dois, rapidamente.

No espetáculo, ninguém poderia supor que a bailarina, que tudo fazia, estava terrivelmente doente. Nem mesmo a equipe do teatro. A única que sabia e guardava segredo era Catherina, uma bailarina descendente de italianos, que se tornara muita amiga do casal russo, para quem Natasha contava tudo sobre seu amor por Wladim.

— Peter — Catherina chamava Rosnan pelo nome americano —, o que vamos fazer com ela? Não podemos deixá-la trabalhar dessa maneira, sem descanso e se doando como faz, a cada espetáculo — dizia preocupada com a amiga.

— Nada podemos fazer, Catherina. Temos que deixá-la viver e, se existem milagres, talvez ela se salve.

— Só se um milagre chamado "Wladim" aparecer e ficar com ela — Catherina brincou com a situação.

A casa estava sempre lotada por bons frequentadores, que aplaudiam a cada cena apresentada pelos artistas. Cantores, bailarinos, técnicos, orquestra, figurinos, sempre impecavelmente produzidos e dirigidos, recebendo elogios a cada apresentação. No final da noite, o coreógrafo e o diretor elogiavam todo o elenco.

Alguns jornais publicavam o sucesso da casa, e Natasha sempre estava nas entrevistas. Isto dava motivo para ela pensar que Kolosk poderia vê-la algum dia, mas a notícia era sempre em segundo plano e, com certeza, deveria ser vista mais pelo meio artístico do que pelos intelectuais, como era Kolosk.

Assim, novembro estava chegando ao fim, com um rigoroso inverno.

Natasha, sempre que podia, ia rezar na Igreja de São

Pedro e lá ficava por horas, sentada a meditar e a pensar em Kolosk. Nunca mais perguntara por ele. Minguava, a cada dia que passava, de saudade e falta de esperança. Poucos eram os momentos de paz, e fazia bem a ela estar ali naquele silêncio da bela igreja. Fazia bem à sua alma.

Dividia o seu tempo entre o teatro e a igreja, embora em casa fizesse o evangelho, como Masvisc ensinara Queria estar em paz e a igreja dava-lhe essa sensação. Falava a Rosnan, quando ele perguntava se ela se tornara católica fervorosa:

— Estou orando a Deus. Não importa onde eu esteja, sei que Ele está me ouvindo.

CAPÍTULO 21

Dezembro de 1899

No teatro começavam os ensaios do novo espetáculo, para ser apresentado nos meses de dezembro e janeiro, em comemoração ao novo ano que se aproximava aceleradamente, para a felicidade de uns e tristeza de outros.

Os jovens, nas ruas, falavam eufóricos da entrada de 1900 e da importância deste ano, que prometia muito. Os mais idosos comentavam: "meu Deus, consegui viver e ver essa virada".

A verdade é que a maioria pressagiava os acontecimentos do novo século, diante das descobertas que vinham sendo feitas e da nova tecnologia, principalmente nos transportes.

Estava realmente surgindo uma nova era. Algumas mulheres já despontavam no mercado de trabalho, deixando o posto de "donas de casa, submissas e dependentes dos maridos".

As fábricas de fogos de artifícios previam grandes vendas. Com toda a certeza, os empresários teriam lucro com a noite do Ano Novo.

Embora não houvesse mais escravidão, exigiam de seus funcionários muitas horas extras, que quase sempre não eram remuneradas devidamente.

— E um e dois e três, sobe a perna mais alto, Rosely — gritava David, cobrando a coreografia certa da bailarina. Todos tremiam, pois o estresse beirava todo o elenco, nesta altura dos acontecimentos.

— Rosnan, preciso descansar um pouco, pois se não parar agora, não terei forças para fazer o espetáculo da noite.

Natasha sentou-se à beira do palco, enquanto falava com o amigo. O coreógrafo, ao ver a moça sentada, gritou:

— Natasha! Pensa que está em férias? Vamos, "princesa russa", levante e volte logo para o seu lugar, antes que eu a substitua definitivamente, ouviu?

Rosnan virou e foi ao encontro de David. Defendendo a amiga, disse com muita firmeza:

— David, não vê? — e apontou Natasha, sentada e branca como um papel — Ela está a ponto de desmaiar. Estamos ensaiando há mais de quatro horas e, logo mais à noite, teremos o espetáculo. Ela precisa descansar... Não só ela, nós também. Estamos todos exaustos, olhe para os nossos rostos.

Natasha levantou e se dirigiu para o meio do palco, onde estavam os dois discutindo. Puxou Rosnan, dizendo:

— Rosnan, estou melhor.

Virando-se para o coreógrafo, prosseguiu:

— David, já estou melhor, podemos continuar.

Neste instante, todo o elenco juntou-se a eles, e vendo o rosto pálido e cansado da colega, reforçou as palavras de Rosnan. Marcos, o mais velho dos bailarinos e namorado de David, tomou a palavra:

— David, por hoje chega. Estamos cansados e você sabe bem disto. Ademais, a coreografia está quase pronta. Amanhã continuaremos.

— Você também está fazendo complô contra mim? — perguntou indignado. Marcos, percebendo, chegou ao lado dele e, tocando seu braço, falou amorosamente:

— Meu querido, sabe que estou do seu lado, sempre. Mas hoje você se excedeu. Está na hora de irmos para casa, ainda temos algum tempo e poderemos relaxar um pouco.

Em casa, depois de tomarem banho e lancharem, Rosnan acomodou Natasha em seu divã preferido. Não havia outro e, sendo o único, ela sempre dizia que era o preferido. Não era bem um divã, mas uma espreguiçadeira.

Mas o conforto que dava para a moça era precioso, e Natasha se ajeitava bem sobre ela.

— Meu amigo querido, se eu partir, vou sentir muito a sua falta — falou, agradecendo o carinho que recebia dele.

— Credo... — Rosnan fez o sinal da cruz, defendendo-se do mau agouro.

— Quis dizer, se um dia eu partir... Daqui uns oitenta anos...

Ambos começaram a rir.

— Bem, agora trate de dormir um pouco, pois o palco nos espera mais tarde.

Rosnan apagou a luz e deixou a amiga sozinha na sala. Foi para o quarto dela, deitou na cama para descansar e pensou: — Meu Deus, não deixe que ela morra, o que farei sem ela ao meu lado? — e, pensando em Natasha, também adormeceu.

Natasha, antes de adormecer, teve lembranças de Kolosk. Sentia a presença dele perto dela e lembrou que um dia sua mãe lhe disse: "— Quando dormimos, em espírito, podemos visitar as pessoas que amamos."[22] Com a sensação de que Kolosk estava com ela, adormeceu rapidamente, diante de tanto cansaço que a abatia. O mês de dezembro passava célere. Natasha disfarçava o mal-estar que sentia e procurava segurar a tosse, para

[22] "O Livro dos Espíritos", cap. VIII: Visitas espíritas entre pessoas vivas.

que ninguém percebesse, principalmente Rosnan. No teatro, superava todos do elenco. Nunca dançara tão esplendidamente como fazia naqueles dias, em que se aproximava a estreia do novo espetáculo.

Mas, de uma coisa ela não abria mão: ir à Igreja de São Pedro e lá ficar por mais de uma hora. Meditava, orava e pedia por Kolosk. Voltava sempre mais reconfortada e feliz.

Naquela manhã de domingo, acordara cedo e, não conseguindo ficar na cama, levantou-se, tomou um chá e vestiu o sobretudo de grossa lã. Saiu sem acordar Rosnan, que precisava dormir, pois tinham tido uma noite de estreia com muita tensão.

— Por que será que não consegui dormir, estando tão cansada? — perguntava-se, sem entender. — Mas, já que estou de pé, vou andar um pouco.

Pelas ruas, andava apressada, sem saber o porquê de tanta pressa. Em seus pensamentos, falava consigo mesma:

— Calma, Natasha... Hoje é domingo, ande com calma.

Andou por algumas ruas e caminhou também dentro do parque, por longo tempo, até que, um pouco cansada, resolveu ir à Igreja de São Pedro.

Lá poderia meditar e estaria sentada.

Quando estava chegando perto da igreja, viu noivos saindo, sob a tradicional chuva de arroz.[23] Caminhou em direção à igreja, olhando emocionada aquela comemoração tão alegre e bonita, sonho da maioria das moças.

Vestido de noiva, buquê de flores e chuva de arroz.

Os noivos entraram na carruagem de luxo e partiram, sob os acenos dos convidados. Logo atrás, um casal saía pela porta

[23] Ato realizado após a cerimônia de casamento, desejando felicidades aos noivos.

da igreja, despedindo-se de algumas pessoas e de um bispo. Em seguida, caminharam para o coche que acabara de chegar e que esperava por eles, com a porta aberta.

Natasha quase desmaiou, ao reconhecer o homem.

— Wladim!

Saiu alto o nome do amado e ela acelerou os passos. Teve mesmo que correr, para chegar mais perto. Seu coração, descompassado, queria saltar do peito. Era ele. A espera de tanto tempo chegava ao fim. Não lembrou nem mesmo que ele estava com a esposa, somente via Wladim, o seu Wladim.

Wera acabara de entrar no coche, ajudada por ele, e, quando ia subir, notou a moça que corria em sua direção. Foi quando reparou que era Natasha. Esqueceu o coche, a esposa, tudo à espera dele, e dirigiu-se para perto dela. Pensou, porém, na filha, no futuro dela, que se iniciava naquele momento, e manteve-se um pouco à distância da amada, evitando que os convidados notassem esse encontro.

— Natasha, meu amor, onde você está? Por que não me procurou? Hoje é o casamento da minha filha... Mas venha me encontrar amanhã, aqui nesta igreja, às dez horas. Por favor, não me abandone mais. Hoje é o casamento de Clarisse, lembra dela, não é? Amanhã, às dez, estarei aqui — sua voz estava embasbacada e seus olhos se encheram de lágrimas, demonstrando todo o amor e a longa espera.

Nesta hora, o cocheiro chegou perto e, com toda educação, disse: — Senhor Kolosk, sua esposa o chama. — Retirou-se, ficando à espera, na porta do coche. Logo em seguida, sem mesmo ouvir a voz de Natasha, ele entrou no carro e partiu.

Natasha ficou parada, atônica e pasma, por alguns minutos. Todo o movimento da cerimônia do casamento de Clarisse acabou, sem que ela percebesse qualquer coisa. Quando se deu conta de estar sozinha, voltou à razão.

Faltava-lhe o fôlego, as pernas tremiam, o coração não voltava ao ritmo normal e quase não conseguiu entrar na igreja. Foi com muito esforço que adentrou o recinto sagrado, sentou-se no primeiro banco que encontrou e chorou, chorou muito, para em seguida pensar:

— Meu Deus, ele está vivo e aqui. Eu não consegui falar nada para ele. Ele estava lindo... Meu Wladim está aqui, perto de mim, aqui... meu Deus!

Foi perdendo a visão e desmaiou sobre o banco, sendo notada pelo sacristão, que correu para ampará-la. Depois de alguns minutos ela voltou a si, mas o bom sacristão somente deixou-a sair da igreja quando estava melhor, e depois de beber um chá bem quente e reconfortante.

— Espere aqui até que eu consiga um coche para levá-la para casa.

— Obrigada, preciso mesmo de ajuda. Sinto-me fraca, tenho a impressão de que perdi muita energia.

O zelador do prédio foi chamar Rosnan para ajudar a moça a subir, pois como ela estava, não haveria de conseguir.

— Acalme-se, Natasha — Rosnan cuidava e, ao mesmo tempo tentava acalmar a amiga, que desde que chegara não parava de falar de Kolosk.

— Rosnan, por favor, traga o meu relógio — e Rosnan foi até ao quarto pegar o relógio, que estava sobre o criado-mudo da amiga.

— Aqui está o seu tão querido presente.

Entregou para a amiga que, no mesmo momento, abraçou o relógio com tanto amor, que fez Rosnan ficar triste.

— Meu bem, é apenas um relógio, não tem vida para receber tanto amor — comentou, diante da cena que via.

— Não, meu amigo, engano seu. Este relógio tem as vibrações de amor de meu Wladim e eu sinto quando o toco.

Está impregnado do sentimento dele. Deixe-me sozinha, por favor, quero pensar em tudo o que me aconteceu hoje pela manhã. Somente agora estou com os meus pensamentos no lugar. Parece que eu estava anestesiada.

— Está bem, se você quer assim, ficarei lá no terraço. Preciso mesmo cuidar de uns vasos, e deixo-a a sós.

Rosnan saiu. Ao ficar sozinha, Natasha pôde chorar pelo acontecido, e pensar: — Por que não consegui falar com ele? Estava ali, tão perto de mim... Meu Wladim, tão perto de mim e não pude abraçá-lo... Por quê? Meu Deus, ajude-me a encontrá-lo amanhã... Fortaleça-me, para poder ir ao encontro dele.

Os sonhos não foram calmos para ela, naquele domingo. Passados uns quinze minutos, Natasha deu um grito tão forte, que fez Rosnan correr para dentro, deixando o vaso cair no chão e espatifar-se todo.

Ao chegar à sala, ouviu as últimas frases que Natasha pronunciava: — Daniel, salve-me! Meu amor, venha tirar-me desta neve, ela me sufoca... Por favor, Daniel.[24]

— Natasha, acorde — Rosnan sacudiu a amiga para ela despertar daquele pesadelo. — Acorde, minha querida, acorde.

— Rosnan, onde eu estava?

Sentando no divã, ela abraçou com força o amigo e, chorando, relatou o sonho: — Eu me via sendo soterrada por uma montanha de neve e, em meus pensamentos "ele" estava. Eu o chamava de Daniel, mas eu sei que era Wladim. Não o Wladim de hoje, mas era ele, eu sei.

— Calma, já passou, e quem está aqui sou eu, seu amigo e colega, lembra? E posso lhe dizer que também amo muito

[24] O sonho se referia a uma encarnação na Espanha (livro "Novamente a Caminho dos Sonhos", Boa Nova Editora).

você — fez-lhe um carinho no rosto e beijou seus cabelos, tentando acalmar toda aquela situação.

— Rosnan, que horas são? — perguntou assustada, se preocupando com o trabalho no teatro.

— Ainda tem tempo para descansar um pouco mais — falou, gentil, o amigo.

— Não quero mais descansar, não quero sonhar. Quero logo ir ao teatro e me vestir, pintar meu rosto, dançar muito, ser invejada por todas as mulheres que estarão lá e que gostariam de estar em meu lugar. — Neste instante, ela parou e deu uma gargalhada, prosseguindo: — No meu lugar.

— Está bem, então vou preparar um delicioso lanche para nós dois. Com este frio, nada melhor que um bom chá com leite.

— À moda dos ingleses — respondeu Natasha, mais calma.

A segunda-feira estava chuvosa e o frio cortava a pele, mesmo protegida por grossos casacos. Os pés gelavam dentro das botas de couro, ainda que envolvidos por meias de lã.

Natasha vestira-se com esmero e estava linda, mal dando para perceber a sua precária situação de saúde. O colorido suave nas maçãs do rosto dava-lhe um ar primaveril, naquela manhã de frio intenso.

Caminhando pelas ruas, em direção à igreja, ela notava as pessoas e observava as casas, achando tudo belo e feliz.

— Nova York, Nova York, eu a amo. Eu a acho linda, mas, como nesta manhã, eu nunca pude perceber tanta beleza — e seguiu o seu destino esperado, saltitando em seus pensamentos.

Na igreja, logo que encontrou o sacristão, este veio ao seu encontro e quis saber de sua saúde.

— Estou ótima, meu amigo, e agradeço o socorro que me deu.

— Fique em paz! Eu tenho que sair, mas se precisar de alguma coisa, tem um rapaz que ficará tomando conta da igreja. Caso você precise, basta ir à sacristia e ele a ajudará.

— Obrigada — respondeu Natasha. — Mas hoje ficarei bem, pode ir sossegado, estou esperando alguém muito especial para mim, aqui na igreja, e será por certo um encontro abençoado por Deus.

Passaram-se cinco minutos, após a saída do sacristão, e Natasha acabava de fazer uma oração, quando ouviu a voz de Kolosk:

— Meu amor, você está aqui.

Ela se levantou e, virando para trás, encontrou Kolosk em pé, a esperar por ela. Eles se abraçaram fortemente. Ambos tremiam de emoção e tiveram que sentar, para poder suportar as pernas bambas.

— Natasha, por que você não me procurou? — perguntava aflito, segurando as mãos da amor de tanto tempo.

— Eu não tinha como achá-lo, meu querido. Você não faz ideia de como tenho sofrido com essa separação. A minha sorte é que tenho Rosnan que me acompanhou na viagem, lembra dele? O bailarino — Kolosk acenou com a cabeça, dizendo que se lembrava.

— Mas, e o senhor Pedro? Ele tinha o meu endereço.

— Mas ele nunca falou para mim. Foi tão triste aquela viagem, nem queira saber o quanto o pobre homem sofreu para nos ajudar a fugir da Rússia. Pagou a nossa liberdade com a vida.

— Mas dei o endereço escrito em um papel. Bem me lembro que, para proteger vocês, falei para que ele somente entregasse a você quando estivesse longe da Rússia. Como pôde perder o papel? — Kolosk estava nervoso.

— Meu querido, estamos juntos agora. Isto é o que nos basta e nada vai nos separar outra vez, não é mesmo?

— Nada nos separará, pode ter certeza disto, minha querida — Kolosk beijava as mãos de Natasha e olhava com ternura para ela. — Mas como foi que o senhor Pedro morreu?

— Fomos perseguidos pelas tropas inimigas e, depois de horas de viagem, a roda de nossa carroça quebrou. Tivemos que parar. Como estávamos cansados, principalmente o senhor Pedro, devido à idade, resolvemos nos esconder, a pedido dele. Dizia que os soldados não desconfiariam dele, por ser idoso: "— Sou velho e eles não vão desconfiar de mim, escondam-se dentro desse buraco." Mas, infelizmente, eles não tiveram pena do pobre homem, deixando-o semimorto na estrada. Rosnan saiu para buscar ajuda, e eu fiquei sozinha com o senhor Pedro, que agonizante me falou que você me amava e esperava por mim. Depois, somente dizia: "— A bota... a bota...". Acho que estava delirando de tanta dor. Às vezes, penso que ele não queria ser enterrado com as botas, mas não tiramos dele. Estava todo ensanguentado e o deixamos com as botas.

— As botas... — Kolosk parou de segurar as mãos de Natasha e falou, rapidamente, desvendando o mistério. — As botas. Ele deve ter escondido o endereço dentro das botas, foi isso, meu amor, o que deve ter acontecido. Naquele dia em que fui procurá-lo, pedi a ele que escondesse muito bem aquele papel. Ele guardou tão bem, que ninguém iria encontrar. Por isso, morrendo, lhe dizia "a bota... a bota...".

— Wladim, deve ter sido mesmo, pois a insistência dele, mesmo morrendo, era falar da bota. Coitado do seu Pedro. Mas tudo passou e eu terei tempo suficiente para lhe contar com detalhes toda a nossa viagem, até o dia em que chegamos aqui em Nova York.

— Onde você está morando? Com quem está? Está trabalhando? Conte-me tudo, quero saber agora onde posso encontrá-la, para buscá-la...

— Moro perto do teatro em que trabalho, Teatro Ritz. O

meu prédio fica a cinco quarteirões de lá, mas, o que vamos fazer? E sua mulher?

— Desde que cheguei na América, separei-me dela, embora vivamos sob o mesmo teto. Ela aceitou a situação e sabia que, quando chegasse, eu iria viver com você. Dei-lhe todo o conforto, meu filho está bem encaminhado, minha Clarisse, ainda tão nova, quis se casar e escolheu bem o marido. Agora é minha vez de ser feliz. Sofri muito, nem pode imaginar quanto. Quando vi que você não chegava, comecei a trabalhar muito, horas e horas sem descanso, somente para me ocupar e não sentir a solidão que a sua ausência me fazia. Aceitei ajudar o bispo, nosso amigo. Ele me conseguiu um cargo na firma de um amigo dele, e lá estou trabalhando.

Natasha chorava de felicidade, e passava a mão no rosto de Wladim.

— Wladim, meu amor, seremos felizes. Merecemos!

— Vamos embora agora mesmo. Venha comigo para um hotel e lá nos instalaremos, até encontrarmos um lugar.

— Meu amor, não posso ir agora. Amanhã é o final de ano e tenho um compromisso no teatro. Não posso deixá-los na mão, mas venha me buscar por volta das 23h30min. Estarei livre e pronta, esperando-o. Nem vou despedir-me do pessoal, depois voltaremos juntos para falar com todos. Por agora, somente Rosnan saberá.

— Na porta do teatro? — perguntou Kolosk.

— Não, na esquina da rua. O teatro fica há uns vinte metros da esquina. E não vá fugir, está bem? — brincou Natasha.

— Não fugirei, e nunca fugi...

Kolosk achou graça e ambos se levantaram, fazendo o sinal da cruz. Saíram da igreja de mãos dadas. Kolosk chamou um coche e falou, ao se despedir:

— Vá minha querida e apronte tudo entre hoje e amanhã. Irei buscá-la, depois, teremos todo o tempo deste mundo para vivermos felizes, até que Deus me chame.

— Credo Wladim, Deus não vai chamar ninguém. Ele permitiu que nos encontrássemos agora, como poderia querer nos separar.

— Natasha, você emagreceu. Andou doente? Olhe, vou cuidar de você com tanto amor, que vai engordar de tanta felicidade. Mas não esquecerei de lhe servir uma mesa farta, também.

— Estou ótima, meu amor, e se você cuidar de mim desta maneira, virarei uma madona. Tenha certeza de que o meu remédio é você. Irei sim me cuidar, de agora em diante. Eu me cuidarei por você — e entrou no coche, depois de receber um beijo de Kolosk.

— Não posso dar-lhe o beijo que quero, pois estamos na rua, mas me aguarde. Amanhã iremos festejar a entrada do Ano Novo com muitos beijos e muito amor. Estou morrendo de saudade de você.

Dentro do coche, Natasha não via nada do que se passava ao redor.

Seus pensamentos estavam todos concentrados em Kolosk e na vida futura, ao lado dele. Neste instante uma crise de tosse a abalou e ela fez força para não tossir. Pensou:

— Deus meu... não me deixe morrer... Ajude a me curar desta maldita doença. Quero muito sarar, para ficar ao lado de meu Wladim. Por favor... socorra-me.

— Tem certeza de que é isso que você quer da vida? — perguntava Rosnan, ao saber da decisão da amiga em ir morar com Kolosk.

— Ainda duvida de meu amor por Wladim, meu amigo? Em minha vida toda, desde que ele apareceu, nunca mais tive individualidade. Fiz-me dupla, ele e eu somos uma pessoa só. Somente serei feliz se ele estiver ao meu lado.

— Nada representei para você, não é mesmo?

Rosnan andava de um lado para outro, triste e agitado. Só de pensar em ficar sem Natasha, ficava muito transtornado. Aprendera a amar a companheira durante todo aquele ano em que conviveram juntos, entre tantas dificuldades.

Não conseguia imaginar-se sozinho.

— Você sabe o quanto lhe quero bem e como você é importante para mim. Mas o amor que sinto por você é feito de amizade, bem-querer, não é o amor de almas. Por favor, entenda-me. Somente serei feliz se você compreender essa minha decisão.

Natasha abraçava Rosnan e os dois contiveram as lágrimas, evitando que o outro sofresse mais do que já estava sofrendo, naquele momento de transição.

Passaram alguns minutos para retornarem a conversa novamente. Sentados, tomavam o chá preparado por Rosnan em silêncio.

— Você vai falar com David? — Rosnan referia-se ao coreógrafo e a decisão dela em abandonar o espetáculo.

— Amanhã não — respondeu, convicta da decisão. — Teremos uma semana de folga e estarei com Wladim, mas assim que terminar esse período, voltarei e falarei com David e com *mister* Edward. Eu me despedirei de todos os nossos colegas. Nem mesmo Catherina quero que saiba. Somente com você é que devo compartilhar as minhas decisões mais íntimas.

Naquela segunda-feira não haveria espetáculo, pois no dia seguinte seria a passagem do ano novo e estreariam o espetáculo. O dia passou muito rápido para ela, e quase o tempo não foi suficiente para Natasha preparar a mala. Nada pegara do apartamento que montara com o amigo, somente as suas roupas e o relógio, presente de Kolosk.

Estava feliz e triste, ao mesmo tempo. Pensava em Rosnan sozinho: — Eu o visitarei sempre, e ele também virá em nossa casa. Wladim aprenderá a gostar dele.

Mesmo tentando amenizar a dor futura do amigo pela separação, não conseguia se acalmar. Estava ansiosa e apreensiva com toda a nova perspectiva de vida, que começava a despontar promissora para ela.

Deitou-se tarde da noite. Rosnan já havia há muito adormecido. Ela, todavia, rolou de um lado para o outro na cama. Seus pensamentos a castigavam a cada minuto. Revia sua vida na Rússia, lembrava-se de Masvisc e todo o seu ensinamento na saudosa Polônia. Nesse vaivém de vigília, teve um momento em que não sabia se estava acordada ou dormindo, quando em sua mente apareceram algumas cenas que a impressionaram muito.

Via-se no deserto, sobre as areias brancas e quentes a queimar-lhe os pés.

Num repente, estava dentro de um palácio, dançando para um sultão, que percebia ser Wladim com outro rosto. Tinha certeza de que era ele.[25] Acordou mais assustada do que quando deitara.

— Meu Deus... Estou ficando louca... Vejo Wladim em tudo. Qualquer sonho que tenho, ele aparece com rostos

---

[25] Novas reminiscência de vidas passadas. (livro “A Lua por Testemunha”, Boa Nova Editora).

diferentes. Preciso rezar um pouco. Masvisc disse que, sempre que estivermos em aflição, devemos nos ligar com Deus e pedir ajuda. É isto que farei. — Ajoelhou no chão e rezou com fé. Infelizmente, não pôde perceber que o quarto se banhou de uma luz prata. Depois da oração, conseguiu dormir sem mais sonhar.

Natasha sempre gostou da noite do Natal. Dizia ser a mais bonita do ano. Naquele ano, porém, nem mesmo o Natal, que passara na casa da amiga Catherina, após ter ido assistir à Missa do Galo na igreja perto do teatro, deu-lhe emoção.

Mas sentia emoção naquela véspera de Ano Novo. A espera tinha outro objetivo, o ideal maior de sua vida: Wladim Kolosk. Isso tornava a festa da espera do novo ano uma expectativa imensa para o seu coraçãozinho.

Ansiava pela chegada do novo porvir, trazendo muitas promessas de mudanças no mundo, principalmente nas áreas científica, artística e cultural.

Os coches nas ruas já começavam a serem trocados por barulhentos carros movidos a vapor, que usavam, no lugar dos cavalos, três ou quatro rodas feitas de grandes aros. Naquela manhã de terça-feira, entrada do Ano Novo, pensava ela que, com certeza, na área da Medicina existiriam novas descobertas para a cura de doenças que, hoje, são consideradas incuráveis.

O dia transcorreu sem grandes novidades, tirando a cara triste de Rosnan e a ansiedade de Natasha.

Quando os dois bailarinos se preparavam para ir ao teatro, Natasha pediu ajuda a Rosnan.

— Claro que ajudarei com sua mala — respondeu, prestativo.

— É que não quero chegar cansada para o espetáculo. Se bem que, à noite, terei que carregá-la sozinha, mas será por um pequeno percurso.

— Posso lhe ajudar à noite também — falou Rosnan, fechando a porta do apartamento.

— Obrigada, meu querido, mas essa noite quero estar sozinha para esperar Wladim. Mas agradeço, você sempre foi muito gentil comigo.

O teatro estava lotado. O espetáculo era especial, para uma noite também especial. Os cantores fizeram a abertura com um trecho da ópera "La traviata", de Verdi.

Os bailarinos entravam triunfantes no palco, retirando suspiros da plateia refinada, que aplaudia fervorosamente, no final de cada ato.

Natasha estava maravilhosa, dentro de um vestido branco, todo bordado com enfeites prata. Tinha plumas brancas na cabeça, que iam até ao chão. Entrava carregada por dois bailarinos e, quando descia, Rosnan fazia com ela um *"pas-de-deux"*.[26]

Ninguém, vendo a bela bailarina naquela noite, poderia supor que estivesse doente. Sua figura pequena, alongada, dava a impressão de ter maior estatura do que realmente tinha. Vestida ricamente, cuidadosamente maquiada e bem penteada, tudo dentro de um bom gosto esmerado, mérito dividido entre o camareiro e a própria Natasha, que mudava o visual, se não estivesse do seu agrado.

Na coxia, o diretor e o coreógrafo estavam radiantes com o sucesso. Na plateia, além do público que assistia, alguns jornalistas faziam a cobertura do evento, colorindo suas páginas com deslumbrantes fotos do espetáculo.

Quando tudo tinha terminado, dentro dos camarins todo o elenco estava eufórico, se rejubilando pelo êxito da noite.

— Pena que este espetáculo foi somente para hoje — falou

[26] Passo dentro de uma coreografia, realizado por dois bailarinos.

um dos rapazes, chorando no ombro do amigo íntimo dele.

— Muito lindo, realmente — comentou Marcos, todo emocionado. — David, meu querido, eu o amo muito. Você realmente é um gênio — e foi até o coreógrafo e o beijou.

Catherina, vendo que Natasha e Rosnan se retiraram rapidamente, seguia atrás.

— Esperem por mim, o que houve?

— Nada, Catherina — respondeu Rosnan.

— Estou apenas com pressa, quero ir para casa, preciso descansar — Natasha falou para a amiga.

— Meus amigos, o que está se passando? — perguntou, desconfiada.

Natasha, disfarçando a ansiedade por encontrar Kolosk, falou:

— Preciso descansar, dancei muito esta noite.

— Está bem... se for isso, tem mesmo que ir depressa para casa, deve estar muito cansada. Dançou hoje como eu nunca tinha visto antes. Estava divina! — e, abraçando a amiga, despediu-se e foi juntar-se aos demais companheiros, para comemorar o sucesso da noite.

Na porta do teatro, Natasha virou-se para Rosnan e disse:

— Amigo, isso não é uma despedida, é um até logo, até breve. Vou morar com Wladim aqui mesmo, estaremos perto e poderemos nos ver sempre.

Beijando o rosto do amigo, saiu, sem deixá-lo falar nada.

Rosnan percebeu que ela estava preocupada com ele, e ficou calado. Ficou vendo-a partir com a velha mala, rumo ao destino por ela traçado.

— Que você seja feliz, minha querida! — foi o único pensamento que ele teve naquela triste hora.

As ruas estavam cheias de gente, que antecipadamente esperavam para ouvir as doze badaladas, anunciando a chegada do novo ano. Homens e mulheres se cumprimentavam, beijando-se. Outros cantavam e dançavam.

Pessoas agrupadas começavam a fazer círculos, fechando-se em cada esquina, para poder ver a queima de fogos de artifícios.

Natasha estava parada na esquina, onde combinara com Wladim. Ficou parada por alguns instantes e, vendo que ele não chegava, pensou:

— Será que ele entendeu a outra esquina?

Dirigiu-se apressadamente entre os transeuntes agitados, para a outra ponta da rua. Pelo caminho, Natasha mais corria do que andava, pois queria chegar com rapidez. A dificuldade em andar na calçada era grande, pois estava um caos, impedindo que ela caminhasse com mais velocidade. Pessoas atropelando as outras, correndo em busca de alguma coisa que, talvez, nem mesmo soubessem o quê.

Ao chegar na esquina desejada, Wladim também não estava. Natasha começou a ficar preocupada, e resolveu voltar para o lado onde tinha realmente marcado o encontro. Pensava, quase chorando: — Talvez ele tenha se atrasado e, neste momento, já esteja lá. Assim, prosseguiu o caminho de volta ao ponto inicial. No difícil percurso, pessoas bêbadas brigavam, agredindo-se aos socos, e ela teve que desviar, antes que fosse também agredida. Era uma mistura do tudo e do nada. No céu, os fogos de artifício começavam a ser lançados e a multidão, freneticamente, pulava e gritava, ora se abraçando, ora chorando de alegria e de esperança pelo novo porvir.

Os coches e os carros novos passavam em disparada pelas ruas. Dentro deles, seus ocupantes, também eufóricos, comemoravam a chegada do ano bom.

Natasha não via nada de alegria, estava nervosa e ia aos empurrões, no vaivém das pessoas. O céu estava todo colorido, ela notara, mas a preocupação em achar Wladim no meio daquela multidão apavorava a bailarina russa, que não tinha interesse em olhar para cima. Escutava somente o barulho a lhe estourar os ouvidos e seus pensamentos.

— Wladim, meu amor, onde você está? — e olhava por todos os lugares que passava, sem conseguir encontrá-lo.

De volta à esquina, depois de quase não conseguir chegar, mal podia achar um espaço para ficar. Deu diversas voltas, sem sair do local.

— Parece que resolvi marcar o nosso encontro no lugar mais festejado do planeta.

Neste momento, um barulho de freios de cavalos a tirou de seus pensamentos, mas nada pôde ver. Continuou andando de uma esquina para a outra e, nesse caminho, ouvia as vozes das pessoas:

— Feliz Ano Novo — diziam uns.

— Feliz início de ano, Richard — uma mulher falava a um rapaz que acabava de chegar no mesmo lugar em que Natasha estava. Embora procurando Wladim, não podia deixar de ouvir ou ver alguma coisa.

— Feliz Ano Novo, tia Rachel — o jovem abraçava a tia idosa e sorridente.

— A festa está ótima, porém um pouco perigosa — comentava, alegre, o sobrinho.

— Por que, meu filho? — quis saber a tia, pegando-o pelo braço e começando a caminhar lentamente, enquanto conversavam.

— Acabei de ver uma mulher dando à luz num jardim público, outra pessoa sendo atropelada por um coche puxado por cavalos, outros sendo presos por terem causado complicações.

— Isso faz parte da entrada deste ano, meu sobrinho. E desta Nova York espetacular. Vamos comemorar também, já que estamos sozinhos na cidade mais procurada pelos imigrantes.

Natasha pensou consigo:

— Quanta coisa acontecendo e Wladim não chega. O que terá acontecido, meu Deus?

A queima dos fogos de artifício, que iluminava o céu há pouco, acabara. As horas foram passando e, quando ela se deu conta, as ruas estavam quase vazias. Poucas eram as pessoas que nelas transitavam. Alguns foliões, ao passar por perto, olhavam a moça com certa indagação: "— O que estaria fazendo sozinha, naquela noite especial, uma moça tão bonita com uma mala?" — Mas Natasha, dentro de sua preocupação, nem percebia que a estavam observando.

O frio cortava a pele, todavia ela transpirava de ansiedade e nervosismo.

Neste instante, ela chorou muito e resolveu voltar para a casa de Rosnan. Pensava:

— Alguma coisa aconteceu com ele. Jamais me deixaria esperar sozinha... Talvez a filha tenha voltado da viagem e ele não soube o que dizer sobre sua partida, bem na noite do Ano Novo... Ou será que Wera deu trabalho, ao saber que iria ficar sem o marido?

Muitos eram os pensamentos que adentravam a cabecinha apaixonada e sofrida. Triste, quase congelada, resolveu voltar ao antigo lar.

Rosnan acabara de entrar na sala, vindo do terraço, de onde assistira toda a queima de fogos. Pensando em Natasha, resolveu abrir uma garrafa de vinho e brindar o ano que chegara. Ao destampar a rolha da garrafa, fez um brinde em voz alta:

— A você, minha amiga. Que seja feliz!

— E eu serei! Não foi hoje, mas eu serei — respondeu Natasha, empurrando a porta que estava destrancada, como de costume.

— Natasha? O que aconteceu? — atônito, Rosnan não sabia o que sentir, ao ver a amiga de volta ao lar.

Aos poucos, chorando, Natasha relatou tudo. No final, ainda confirmou:

— Rosnan, eu sei que ele virá, pode ter certeza disto... Aconteceu alguma coisa, mas ele virá me buscar.

Rosnan abraçou e consolou a amiga, durante toda a noite do prometido ano bom.

CAPÍTULO 22

De volta à realidade | Janeiro de 1900

— Rosnan meu querido, quero entrar, por favor. Ajude, estou muito cansada e a tarde já está caindo. Não é bom eu ficar aqui no frio.

Natasha sabia que estava muito mal, mas não queria preocupar o amigo. Rosnan tratou logo de levá-la para dentro da casa, servindo-lhe em seguida um chá bem quente, como só ele sabia fazer.

Lá fora a noite começava a cair, bem fria. Prometia nevar de madrugada.

Rosnan arrumou a cama de Natasha e deixou-a pronta para a hora em que ela quisesse dormir. Voltou para a sala e ficaram conversando por vários minutos.

— Natasha, estive pensando e acho que deve tirar umas férias da companhia. David vai entender e colocará outra pessoa no seu lugar, até que você melhore. O que acha?

— Não, quero ir trabalhar. Faz-me bem estar dançando e entre amigos. Preciso estar ocupada com a minha mente, distraindo-me. Estando no meio de vocês e da música, não lembro de nada e passo algumas horas sem pensar em minha vida e em... — Rosnan não a deixou terminar.

— E em Kolosk.

— Nele penso sempre, até quando estou dançando. Muitas vezes preciso me concentrar muito, para poder seguir a coreografia — falou Natasha, com os olhos cheios de lágrimas.

— Bem... então vamos esquecer a minha proposta e seguir com a nossa vida — disse Rosnan, querendo amenizar o sofrimento da amiga.

Janeiro estava quase chegando ao fim e a saúde de Natasha não melhorava. Rosnan insistia em que largasse o teatro, mas era teimosa e ia, mesmo estando febril.

A única mudança foi que o coreógrafo, a pedido de Rosnan, não a escalou para a próxima produção, ficando ela livre dos novos e cansativos ensaios.

Ficara somente no espetáculo que estavam apresentando desde o começo do mês, o qual somente mudaria em meados de março.

Vendo o sofrimento da amiga e a doença tomar conta dela a cada dia que passava, Rosnan lembrou de Masvisc e das leituras evangélicas que eles faziam na casa do querido amigo, passando a fazê-las também em sua casa.

A única pessoa, além deles, que participava do culto era Catherina, a amiga e colega do teatro. Ela gostava muito dos dois amigos russos e, sempre que podia, ajudava Rosnan a cuidar da saúde da colega.

Certa noite, quando Natasha e Rosnan estavam dançando no palco e a música estava muito forte, Natasha sentiu tontura e ânsia de vômito, caindo dos braços de Rosnan, que a segurava em um bonito giro, indo ao chão desacordada.

Rosnan logo caiu sobre ela, como se fosse parte do balé. Pegando-a no colo, saiu triunfante, ao som da música que se fez mais forte ainda, graças ao desempenho do regente, que a tudo prestava atenção e, vendo a triste situação dos bailarinos, modificou o acorde e fez as cornetas soarem forte.

O público aplaudiu a cena trágica e bonita dos artistas. E o espetáculo continuou, como se nada tivesse acontecido.

Por trás do palco, David e Edward correram para ajudar Rosnan, que entrava com Natasha nos braços.

— Por Deus, ajudem! — gritou o bailarino, aflito, depositando em uma poltrona a amiga desmaiada.

— Corra, David, chame um médico para socorrer Natasha — dizia Edward para o coreógrafo, que saiu na hora em busca de socorro.

— Rosnan, o que aconteceu com ela? — perguntou o diretor, que já tinha feito amizade com os jovens, que ele mesmo trouxera para o teatro.

— Ela está muito mal, está desenganada dos médicos.

— Rosnan, por que você não nos disse isso? — Edward estava surpreso.

— Ela não queria que vocês soubessem, pois quer trabalhar, não quer deixar de vir nunca — Rosnan falava e acariciava o rosto da amiga.

Neste instante, surge David com um senhor que, de pronto, colocou alguma coisa no nariz de Natasha, que começou a voltar vagarosamente.

— O que aconteceu? — ela perguntou, ao despertar.

— Você sentiu-se mal e caiu de meus braços — agora o doutor está aqui para cuidar de você.

— Não sou médico — falou o recém-chegado, que ajudava a recuperar os sentidos da bailarina.

— Ele é o farmacêutico aqui do lado. Lembrei de chamá-lo, pois não há médico por perto — David falava agitado.

— Obrigado, David, e obrigado senhor. Natasha já está melhor e podemos voltar para casa, se você me liberar — falou Rosnan para David, que lhe respondeu de imediato.

— Nós é que lhe agradecemos por ter conseguido transformar uma hora trágica em cena de dança, quando estava com tantas preocupações e responsabilidades sobre a saúde de Natasha.

— O artista tem que estar presente em tudo. Devemos evitar que o público veja a realidade de nossas vidas em cena, também em respeito aos demais colegas, pois eles tinham que continuar o espetáculo. Não podíamos demonstrar o nosso desespero. Essa é a missão dos artistas, pois o espetáculo tem que continuar — completou Rosnan.

Chamaram um coche e, em poucos minutos, já estavam em casa. Ajudando Natasha a subir a escada, Rosnan foi cuidadoso o tempo todo. Não queria que a amiga sofresse mais do que estava sofrendo. Dentro de seus pensamentos dizia consigo: — Meu Deus, se ela soubesse da verdade... Não sei se é melhor eu contar ou deixar que viva à espera dele.

Quando chegaram no apartamento, Natasha foi tomar um banho quente e, depois, sentou na sala para conversar com o amigo.

— Não é melhor você ir dormir, minha querida?

— Deixe-me ficar aqui perto de você — com delicadeza, ela puxou Rosnan para sentar ao seu lado e deitou a cabeça no seu colo. — Rosnan, por que ele não vem? Será que desistiu de mim? Não sinto isso no meu coração. Sinto que ele virá, é uma questão de tempo. Mas será que eu terei esse tempo?

Rosnan, vendo que a amiga tinha tanta esperança, calou-se e, em pensamento, fez uma oração para ela. Aos poucos, viu a amiga querida adormecer.

Quando ela estava completamente entregue ao sono, ele a carregou em seus braços e colocou-a na cama. Antes de sair, debruçou-se e beijou delicadamente a sua boca, dizendo:

— Minha querida, tudo farei para que você acredite que ele virá buscá-la. Prometo que esta esperança eu manterei dentro de você.

Natasha aceitou a decisão de ficar em casa para se cuidar e, assim que melhorasse, voltar para o teatro. David colocou Rosely no lugar dela, e o espetáculo continuou.

Rosnan levou a amiga para o hospital, diversas vezes.

Até que um dia, doutor Charles chamou Rosnan em particular e disse que seria melhor não tirar a enferma de casa. O frio ainda estava intenso, e deveriam evitar que ela se cansasse. Deu os medicamentos e as orientações para o pobre moço que, atemorizado, a tudo prestava atenção, seguindo com seriedade todas as recomendações do médico.

Os dias iam passando e o estado de saúde da pobre bailarina russa ficava cada vez pior. Rosnan não se ausentava, a não ser para apresentar-se no teatro.

Era dispensado dos ensaios sempre uma hora antes que os outros colegas, para poder ficar com a amiga doente. Era a gratidão dos diretores pelo trabalho de Natasha e pela amizade que soubera conquistar.

Nova York, cada vez mais movimentada, era vista do terraço pela moça que, todas as tardes, antes de ficar sentada, olhava tudo, como se procurasse algo.

— É muito bonita a nossa cidade, não é Rosnan? — indagava, com orgulho.

— É. Realmente é muito bonita, mas você já esqueceu a nossa velha Rússia? — falou brincando.

— Não, ela também é muito querida. Está em meu coração. Guardo dela muitas lembranças boas e jamais a esquecerei, todavia ficou no passado. Agora Nova York é a nossa cidade. É a cidade que nos acolheu com carinho e me sinto bem aqui. Pena que...

Neste instante, Natasha parou e chorou muito. Rosnan, vendo a amiga naquele desespero, logo imaginou do que se tratava e tentou ajudá-la.

— Você vai viver muito, minha querida. Você está tomando novos remédios, que devem ser melhores que os de antes. Logo estará curada.

— Rosnan, não tente me enganar — respondeu, mostrando que sabia da real situação. — Somente Wladim me curaria. Se ele estivesse aqui, sei que me daria forças para lutar contra essa maldita doença. Sem ele, sinto-me fraca, sem forças.

Neste exato momento ela parou, pensou por um instante e continuou a falar para Rosnan que, ajoelhado, ouvia a amiga, naquela tarde de sol ameno:

— Rosnan, será que Deus está me castigando? Sei que fui muito má para Macarovich, e ainda não consegui perdoá-la pelo que me fez. Tive inveja de Wera, por viver ao lado de Wladim, mesmo sabendo que ele não a amava. Pelo simples fato dela tê-lo ao seu lado, enchia-me de ciúme. Quantas vezes quis ser ela... Quantas vezes quis ser Macarovich, ter o talento dela. Lá em Moscou, também odiava as colegas que eram escolhidas pelos jurados e recebiam deles destaques nos balés de repertório[27] que tanto sonhava dançar. Enfim, fiz muitas coisas erradas, eu sei. Quando abandonei Caio, não tive pena dele, nem me incomodei com a sua dor ao me perder; só pensava em mim. Também deixei a minha mãe que, aflita, pedia para que eu não fosse embora. Nem me importei e tampouco quis ouvi-la ou atendê-la. Tinha de ir em busca do amor de Wladim, custasse o que custasse em minha vida. Era ele somente que me preocupava, mas...

[27] Referia-se aos balés Giselle, La Bayadére e O lago dos Cisnes.

— Mas... — Rosnan, envolvido na confissão da amiga, pediu para que ela continuasse.

— Mas somente ao lado dele fui sincera. Eu o amei mesmo, com sentimento. Ao lado dele estava no céu. Nessas horas eu não tinha inveja de ninguém, era completa. Ele me bastava. Por ele eu deixaria de dançar e de buscar o estrelato, sem ficar com saudade ou com arrependimento depois. Sabe Rosnan, quando conheci Wladim, no baile em Moscou, fato que já lhe contei diversas vezes, eu o amei no primeiro olhar que depositou sobre mim. Eu o achei lindo, embora tivesse quase a idade do meu pai. Quando ele me tirou para dançar, a sensação que tive, estando em seus braços, é que já o conhecia, já estivera com ele. Era tudo tão normal para mim. Dirigia-me a ele com uma liberdade e simplicidade que somente se tem depois de conviver durante muito tempo com a pessoa. Nada era estranho para mim; ele foi meu, desde aquele momento. Agora, eu pergunto, meu amigo: será que estou sendo castigada por Deus, por só pensar em mim?

— Não, querida. Deus não castiga nunca. Lembre o que Masvisc nos ensinou: Deus é um Pai de infinita bondade e, se permite que a gente sofra, é para que cresçamos dentro das leis imutáveis do Universo e para que aprendamos a melhorar. A única maneira de percebermos nossas falhas é justamente quando a dor bate à nossa porta. Aí lembramos dos que sofrem como nós. Segundo Masvisc, uns vão ao Pai pelo amor, mas a maioria chega a Ele pela dor.

— Wladim era casado pelas leis da terra, e eu violei essas leis. Será que...

Rosnan não deixou a amiga continuar a falar, diante da dor que ela sentia com aquelas reminiscências.

— Lembra aquela vez que você ficou com febre na casa de Masvisc? Eu perguntei a ele se era possível tanto amor e ele respondeu: "O amor destes dois ultrapassa o tempo. Espíritos intimamente tão unidos quando se encontram, explodem de emoção, e o tempo não apaga o sentimento".

Rosnan prosseguiu, consolando-a:

— Natasha, minha querida, você não acabou com casamento nenhum. Havia apenas o compromisso social, e disso Kolosk não descuidou nunca. Tanto é que Wera sabia de vocês e não quis se separar dele, nem mesmo por esse motivo. Ela sabia que o marido nunca a havia amado com esse sentimento sublime que lhe dedicou.

— Obrigada, Rosnan, por tudo. Agora vou me deitar. Até amanhã e obrigada mais uma vez, meu querido.

— Não agradeça, pois nada fiz. Acho mesmo que nem fui eu que falei, foi o seu anjo da guarda — brincou, para alegrar a amiga.

Dando um beijo no rosto de Natasha, foram dormir. Custaram a ambos conciliar o sono naquela noite.

O dia estava chuvoso e Natasha lia um livro, quando bateram à porta. Ela se levantou e foi atender. Era Catherina, que vinha como sempre fazer uma visita. E trazia um prato de alguma coisa gostosa para a amiga comer.

— Boa-tarde, minha princesa russa! — falou, beijando a testa da colega.

Logo descobriu o prato preparado por ela naquele dia. — Olhe... este doce que fiz para você é de dar água na boca só de olhar. Aliás, todos que comem, pedem bis.

Natasha agradeceu a gentileza da amiga e colocou a travessa sobre a mesa, prometendo que comeria mais tarde. Alegou que havia acabado de almoçar, o que era mentira, pois não teve apetite para a comida que Rosnan deixou preparada antes de sair para o ensaio.

Catherina conversou muito e tratou de abordar assuntos relacionados com a dança e com o movimento em Nova York, que crescia a cada dia. Casas novas com shows, muitos deles copiados dos bares de Paris. Para os desempregados do país, era tudo muito bom. Empregos eram oferecidos para rapazes e homens que se ocupavam como garçons, cozinheiros, seguranças e equipe de limpeza. Para tempos difíceis de todo começo de ano, essa era a porta da felicidade. Sem contar com os artistas, que se candidatavam para o novo mundo da noite.

— Que bom, minha amiga, que estejam acontecendo mudanças para melhor. Bem se vê que o progresso faz parte desta América prometida.

— E você, como está hoje? — Catherina estava notando que Natasha piorara, mas tentava disfarçar seu espanto.

— Estou melhor... Não sei de verdade, mas acho que estou um pouco melhor — falou, entre uma tossida e outra.

Catherina, vendo a desesperança da amiga, lembrou-se de imediato de uma história e, quando se deu conta, já tinha narrado para a colega.

— Sabe, tenho uma novidade boa para você, quer saber o quê?

— Claro que quero — respondeu Natasha. — O que você preparou para mim desta vez? É alguma comida nova?

— Melhor do que qualquer comida.

Natasha ergueu-se da cadeira e, curiosa, perguntou:

— Por favor, Catherina, diga-me logo do que se trata.

— De Kolosk... De seu Wladim Kolosk — disse num ímpeto, sem que pudesse controlar.

— Wladim? Meu Wladim?

Os olhos da moça russa tinham luz e vida naquele momento, por ter ouvido o nome do amado.

— Catherina, o que você sabe dele? Por Deus, me fale.

— Se você prometer se acalmar, eu direi do que se trata.

Catherina, vendo a ansiedade que causou na amiga, sentiu medo de não saber o que inventar. Andou até a porta do terraço, olhou as plantas, dando tempo de sua imaginação trabalhar, e voltou a falar:

— Conheci dois investigadores da polícia, que se tornaram meus amigos. Contei sua história, e eles prometeram achar Kolosk para você.

Natasha levantou, abraçou a amiga e, beijando a sua face diversas vezes, disse:

— Obrigada. Você é a melhor amiga do mundo. Mas... como eles vão fazer?

— Pediram para que você descrevesse Kolosk para mim, e que eu anotasse tudo, não esquecendo os detalhes mais importantes, que somente você conhece.

Natasha pegou um caderno e um lápis, entregou para a amiga e começou a ditar. Descreveu Kolosk por inteiro, como se fizesse um retrato falado. Não esqueceu de nenhum detalhe, falando tudo que pudesse ajudar na identificação do amado. Até os modelos de camisas, gravatas e sobretudos que usava foram descritos pela enferma, que estava esperançosa.

Catherina chorava, ao ouvir a colega relatar tudo. Natasha estava acreditando no que ela acabara de inventar e, neste momento, desesperada pelo efeito ter sido diferente do que imaginara produzir, ela falou, dando um fim ao relatório:

— Basta, Natasha. Isto é o suficiente para eles encontrarem o seu Wladim. Agora você deve deitar-se e descansar um pouco, até que Rosnan chegue.

Catherina ajudou a amiga a deitar e se despediu, comovida, dizendo que no dia seguinte voltaria.

Catherina saiu chorando pelas escadarias do prédio.

— Meu Deus, perdoe-me. Somente quis dar a ela um pouco de esperança. Ajude-a. Não deixe que essa minha mentira venha causar males maiores.

Descendo atormentada, nem percebeu a porta se abrir de relance, e Rosnan entrar por ela.

— Catherina, o que aconteceu? Natasha?

— Rosnan, penso que piorei a situação para a nossa amiga — e abraçou o jovem, chorando e contando o que fizera para a amiga tão querida.

— Calma, Catherina, você só pensou no melhor, e isso será bom para ela. Sonhará mais ainda com Kolosk.

— Mas é mentira. Ela saberá em breve, vendo que ele não aparece — acrescentou, chorosa e preocupada.

— Não terá esse tempo todo — respondeu Rosnan, com os olhos cheios de lágrimas.

— Como? Ela vai... — Catherina não teve coragem de falar o que deduzia.

Rosnan puxou a amiga para sentar ao seu lado no último degrau da escada e, chorando, falou:

— Estou voltando do médico. Quando terminei o ensaio, resolvi ir até a clínica e falar com o doutor Charles. Queria saber o que teria que fazer para ajudar Natasha. Se viajar seria bom para ela. Foi aí que ele me disse: "— Rosnan, meu amigo, a nossa amiguinha não passará desta semana."

— Rosnan! Como? Por quê, meu Deus? Por que esse Kolosk não aparece? Para que fim de mundo ele foi? Era esse o amor que sentia por ela?

Catherina estava indignada ao saber que ficaria sem a amiga, e que Kolosk não estaria por perto.

— Ele a amava muito mesmo, pode acreditar — soluçando, conseguiu se expressar.

— Amava? O que você sabe sobre ele, Rosnan?

Neste momento, ele tirou de dentro da carteira um pedaço de jornal amassado e, abrindo, comentou com a colega:

— Este pedaço de jornal, que guardei por não saber como agir, vai fazê-la entender a minha situação e o porquê de ainda não ter mostrado a ela. No dia seguinte ao Ano Novo, comprei o jornal para acompanhar as novidades que surgiam em Nova York, e para saber sobre a festa da passagem para o novo século, quando, em uma parte, estava uma nota de falecimento, dizendo o seguinte:

"Entre os acontecimentos ocorridos ontem à noite, nas festividades pela entrada do novo ano, informamos o acidente por volta das 23h30min, na rua principal dos teatros, com o senhor Wladim Kolosk Constantino, de origem russa e italiana. Ao atravessar a rua, foi atropelado por um coche levado por cavalos desgovernados, que estava em disparada pelas ruas. Uma pessoa, que presenciou o acidente, contou que ele atravessou a rua apressadamente e, não vendo o coche desenfreado, foi atingido pelos cavalos. Disse ainda que o pobre homem carregava nas mãos um buquê de rosas vermelhas, arremessado longe com o impacto do corpo no chão. Constantino viera morar na América, onde tinha negócios."

— Rosnan, que triste fim! Então ele vinha mesmo buscá-la? Pobre destes dois... tanto amor, sem poderem desfrutar. Agora sei por que você não teve coragem de contar-lhe. Mas ele era de origem italiana? Natasha nunca nos falou — lembrou a amiga.

— Claro que não. Natasha teria me contado, ela sabia

de tudo a respeito dele. Acredito que deve ter inventado esse sobrenome para ficar aqui sem ser perseguido, como nós também fizemos. A esperança que ela tinha de encontrá-lo era tão grande, que achei melhor deixá-la pensando que está vivo e que, em breve, virá buscá-la. Além disso, a sua saúde está tão precária, que imaginava que não se demoraria muito entre nós. Apenas não imaginei que fosse tão rapidamente, como o doutor Charles falou.

Rosnan ao entrar na sala, deparou-se com Natasha em pé, a olhar a chuva pelos vidros da porta que dava para o terraço. Nem percebeu a entrada do querido amigo, que foi de mansinho e, por trás dela, deu um beijo em sua nuca, o que a fez virar.

Com os olhos brilhantes de esperança, Natasha abraçou o amigo e falou:

— Nem imagina o que me aconteceu! — e relatou toda a conversar que tivera com Catherina, dizendo que tinha ficado cheia de esperança de encontrar Kolosk.

— Viu? Eles vão encontrar o meu Wladim, e aí saberei o que de fato aconteceu. Mas, seja o que for, ele está perdoado, pois sei que foi maior do que a sua vontade. Caso contrário, ele teria vindo ao meu encontro.

Dois dias tinham se passado desde aquela tarde, quando, após o almoço, Rosnan comentou:

— Natasha, minha querida, estou feliz. Hoje você comeu bem, está com um ar de felicidade. É muito bom ver você assim — falou carinhosamente o amigo.

— Sabe, esta noite tive um sonho maravilhoso.

— Já sei — comentou o rapaz —, sonhou com Kolosk.

— Não, seu bobo... Sonhei com o seu Pedro e com a minha Anne. Sonhei que eles estavam ao lado da minha cama e falavam: "— Minha querida, tranquilize-se. Kolosk está bem e virá buscá-la. Agora você precisa dormir um pouco." — Mas o importante é que acordei, pela manhã, reconfortada e com muita fome. Preciso ajudar a recuperar a minha saúde, pois não quero que Wladim me encontre assim, feia e fraca.

— Fraca, tudo bem, mas feia... você nunca será!

— Não serei para você, que é meu amigo. Mas agora quero ficar deitada no divã, lá no terraço. Quero observar a tarde. Antes, porém, vou ao banheiro me arrumar. Nunca se sabe a hora em que os investigadores encontrarão Wladim, e ele entrará por aquela porta, para sermos felizes.

Rosnan ajudou a amiga a deitar-se no divã e, como sempre, deu um livro para ela ler. Foi cuidar dos seus vasos, remexendo a terra e tirando as folhas velhas. Começou a cantar uma canção russa, ao que Natasha olhou para ele.

— É linda essa canção. Minha Anne cantava para mim quando eu era pequena.

Colocou o livro aberto sobre o peito e ficou divagando. Naquela hora, ouviu batidas na porta e falou:

— Rosnan, estão batendo na porta. Veja se não é Catherina.

Rosnan olhou e viu que nada tinha acontecido. Fingiu para a amiga, dizendo que devia ter sido o vento.

— Não está ventando.

Neste instante, Natasha olhou para a porta de vidro que levava até a sala, e viu três pessoas: Kolosk e mais dois senhores. Gritou, maravilhada e forte:

— Rosnan, encontraram Wladim! Olhe... Eles estão atrás da porta. Vá abrir e recebê-los.

Rosnan olhou, viu que ela estava imaginando coisas e falou:

— Calma, já estou indo.

Dirigiu-se para colocar no lugar o vaso que segurava e, quando voltou, viu que Natasha caminhava com dificuldade até a porta. Seu rosto irradiava luz e felicidade, e ouviu baixinho ela dizer:

— Eu vou abrir a porta, Wladim. Eu vou, meu amor!

Neste instante, Natasha caiu no chão, expelindo sangue pela boca.

— Natasha!

O desespero do amigo era enorme e, num impulso maior, correu até ela, largando o vaso que se espatifou ao cair de suas mãos. Ajoelhado, pegou o corpo da amada e, chorando, gritou:

— Minha querida não me deixe. O que vou fazer sozinho nesta cidade? Natasha, acorde!

Neste momento, em sua mente, teve a impressão de vê-la adormecida, sendo carregada e transportada para outro lugar. Mas, com os olhos abertos, via o sangue que manchava todo o rosto da moça e a camisa dele. Todavia, nada mais importava, a não ser abraçar o corpo inerte da querida amiga e, entre soluços, dizer:

— Vá, minha querida, vá ao encontro dele e seja feliz! Chega de tanto sofrimento. Já concluiu a sua história de amor, Natasha Staliwisk!

Fim

PARMA
Impressão e acabamento
Editora Parma LTDA
Tel.:(011) 2462-4000
Av.Antonio Bardella, nº280,Guarulhos,São Paulo-Brasil